Für

Ich liebe Dich unendlich!

Bibliografische Informationen der Deutschen Nationalbibliothek:
Die Deutsche Nationalbibliothek verzeichnet diese Publikation in der
Deutschen Nationalbiografie; detaillierte bibliografische Daten sind im Internet
über http: // dnb.dnb.de abrufbar.

1. Auflage, Juli 2020,© Kerstin Fa

Die Erde liebt Dich

Design und Text © Kerstin Fa

Herstellung und Verlag

BoD – Books on Demand, Norderstedt

Alle Rechte ausnahmslos vorbehalten.

ISBN: 9783750441033

Die Erde liebt Dich
Mit 80 Kraftorten um die Welt

Hinweise

Die im Buch veröffentlichen Ratschläge wurden von der Verfasserin mit größter Sorgfalt erarbeitet und geprüft. Eine Garantie kann jedoch nicht übernommen werden. Ebenso ist eine Haftung der Verfasserin und ihrer Beauftragten für Personen-, Sach- oder Vermögensschäden ausgeschlossen.

Das vorliegende Werk wurde sorgfältig erarbeitet. Dennoch übernimmt die Autorin für die Richtigkeit von Angaben, Hinweisen und Ratschlägen sowie eventuellen Druckfehlern keine Haftung. Die Informationen in diesem Buch verstehen sich nicht als Ersatz für den Rat eines Arztes / Heilpraktikers.

Willkommen zu Deinem Freunde auf der Erde Buch!

Dieses Buch nimmt Dich mit auf die Reise um die Erde, zu 80 einzigartigen bekannten und weniger bekannten Kraftorten. Sie sind seit Menschen Gedenken wundervolle Lebewesen, die die Menschen einzeln oder als gesamte Menschheit auf ihrem Erdenweg begleiten.

Ja, Du liest richtig. Sie sind Lebewesen. Die Energien dieser Orte sind nicht nur unter ihnen in der Erde besonders oder über der Erde am Sternenhimmel, sie sind Wesen mit Charakter, Humor, unendlich viel Lebenserfahrung und einem Kontakt in die fernsten Welten unseres Universums.

Und sie möchten Dir genauso zur Seite stehen, wie allen anderen Lebewesen, die sie besuchen, zu ihnen reisen oder bei ihnen leben. Sie möchten von Herzen gern Freundschaft mit Dir schließen und Dich durchs Leben mit gutem Rat und Witz begleiten.

In diesem Buch stellen sich Dir 80 Kraftorte vor, beschreiben in eigenen Worten, was sie so besonders macht und bei "Mein Besuch bei..." kannst Du dann Deine Meditationserfahrungen oder die Ratschläge des Kraftortes notieren.

Schnür Deine Schuh, pack Deinen Rucksack und mach Dich in Deinem Inneren auf die Reise zu neuen Freunden überall auf der Welt verteilt, die Dir mit jedem neuen Besuch mehr Weisheit und Liebe vermitteln können.

Die Erde wartet auf Dich!

In Liebe,

Kerstin

Reise zum Machu Picchu
in Peru, Südamerika

Hallo, ich bin Machu Picchu.

Mein Name bedeutet "alter Gipfel" und mein Schwesterberg mir gegenüber heißt Huayna Picchu ("junger Gipfel"). Du siehst ihn sicher oft auf Fotos. Google doch mal nach uns, ein Blick von Dir lohnt sich. ;)

Ich lebe in Peru, in der alten Region Cusco. Dort überblicke ich das Urubambatal von 2430 m Höhe aus und auf meinem Bergrücken liegt die berühmte Inkastadt "Machu Picchu". Geboren wurde diese Siedlung von fast 1000 Menschen ungefähr 1450 n.Chr. und wenn Du mich besuchst, kannst Du auf den 3000 Stufen der dortigen Terrassen die wunderbaren Gebäude und heiligen Stätten der Inkas bestaunen.

Noch heute verbinden mich alte Inka-Pfade durch den Dschungel mit der einstigen Hauptstadt Cusco und den Ruinen der direkt am Urubamba gelegenen Inkastadt Llactapata.

Die Inka verehrten mit mir die Sonne als den Sonnengott Inti. Und ich bin tatsächlich die Sonne. Die Sonne des Lebens. Die Sonnenenergie in Deiner Seele. Mit mir findest Du Deinen eigenen Mittelpunkt.

Besuche Dein Herz, denn hier wohnt alles, was Dich ausmacht. Besuche es in Deinem Inneren und fühle, wie Du Dich dort erspüren kannst. Bist Du im Einklang mit Deinem Herzen?

Lebst Du Deine Wahrheit? Oder fühlst Du, wie Dein Herz Dir zeigen möchte, wo es gerne anders leben will? Folge Deinem Herzen. Folgen Deiner Seele und ihrem Ruf in Dir und wenn Du nicht weiter weißt, wie das gehen soll, so rufe mich, die Seele von Machu Picchu. Ich helfe Dir gern. Ich bin Dein Verbündeter und Freund im Herzensweg.

LEBE Deine Herzensweisheit. Was das ist? Liebe.

Wo Du die meiste Liebe fühlst, das ist Dein Weg. Auch ein Weg, der Dir ein wenig Angst macht, kann der Richtige sein, wenn Du Liebe dabei fühlst, sobald Du an ihn denkst. Liebe. Das ist das Geheimnis der Menschheit.

Mein Besuch bei Machu Picchu

Reise zum Amazonas-
Regenwald in Südamerika

Hallo, ich bin der Amazonas Regenwald,

Südamerika ist meine Heimat. Als ich vor über 60 Millionen Jahren geboren wurde, war meine Aufgabe, die vielen neu entstehenden Pflanzen- und Tierarten in meinen grünen Armen zu beschützen und in Ruhe wachsen zu lassen.

So konnte sich diese Welt zu einem kleinen Wunder entwickeln, eine von zehn Arten aller Tiere und Pflanzen dieser Erde lebt bei mir. Ist das nicht großartig?

Man nennt mich den größten Tropenwald der Erde. Doch ich sehe mich mehr als Wiege des Lebens in meiner Heimat Südamerika.

Weißt Du, mein Schatz, wie groß ich bin? Nein?
Nun, siehst Du, dasselbe weißt Du auch nicht von Dir. :)

Ich bin wunderschön, meine liebevollen grünen Arme umfangen alles Leben hier mit Liebe und Güte und beschützen die vielen Seelen, die mir anvertraut sind.

Du bist ein ebenso großes Licht, das erst beginnt, sein ganzes Strahlen zu erkennen. Jeder Schritt, den Du in Liebe tust, jedesmal wenn Du auf Dein Herz hörst und etwas wagst, was nur Dein Herz Dir zuflüstert, so bist Du auf meinem Weg. Dem Weg des Herzens.

Das Herz ist unendlich groß in seiner Liebe und Güte. Mein Herz ist voller Liebe zum Leben in all seinen Formen, Pflanzen, die klein und scheinbar unscheinbar am Boden wachsen, Tiere, die ruhig und liebevoll in diesem Zuhause ihren Weg gehen, Bäume, die voller Herzblut und Lebenslust in den Himmel wachsen.

Komm zu mir, besuche mich und die Meinen, besuche uns. Sieh Dir unsere Bilder im Internet an, bis Dir eins im Herzen gefällt und reise in dieses Bild. Setz Dich an einen bequemen Ort bei mir und ruhe Dich in der grünen Seele dieser Erde aus.
Ich bin ebenso liebevoll für Dich da, wie für alle anderen Wesen auch.

Und wenn Du dann tief durchatmest, weißt Du, Du hast wieder ein kleines bißchen mehr Leuchten in Dir entdeckt. Lebe Dein Licht, mein Kind. Lebe Dein Licht, so wie wir in unserer unendlichen Vielfalt das Unsere leben.

Anmerkung: Der Amazonas-Regenwald ist 6 Millionen Quadratkilometer groß.;) Davon sind leider nur 52.000 km² UNESCO-Welterbe. Er besitzt die größte Artenvielfalt aller tropischen Wälder. Nachdem er seit Jahrmillionen das Leben in dieser Region schützt, ist er nun stark von Rohdung und Feuer bedroht. Achte doch bei Deinem nächsten Möbelkauf darauf, woher das Holz kommt. Jede kleine Geste der Achtsamkeit freut ihn sehr und jedes Gebet für ihn macht ihn sehr glücklich.

Mein Besuch beim Amazonas-Regenwald

Reise zum Fluss Amazonas

in Südamerika

Hallo, ich bin der Amazonas-Fluss,

Ich liebkose den Norden Südamerikas mit meinen weiten Armen voll zärtlichem Flusslauf. Mitten in den Anden, in Peru, benetze ich die Erde das erste Mal mit meinem Wasser und schlängle mich mit unzähligen Nebenflüssen durch meine Heimat.

Meine Wasser fließen mit 206.000 m³/s durch tropischen Regenwald und landen bei Brasilien im Atlantik. Ich bin damit der wasserreichste Fluss der Erde. In meinem Körper leben einzigartige Tierarten, wie das Amazonas-Manati und der Amazonasdelfin. Als längster Fluss dieser wunderschönen Erde, weiß ich, wie es ist, so viele Geschöpfe jeden Tag zu hegen und zu pflegen. Es ist für mich ein großer Segen, so vielen Wesen im Wasser und in meinen Ufergebieten, Leben und Freude zu spenden.

Segen hat viele Farben. Stell Dir ein Wort vor, wie Liebe, und dann schicke die Farbe, die Dir dazu einfällt als beispielsweise rosafarbenen Glitzerstrahl an den Ort Deiner Wahl. Segen hat auch viele Worte. Liebe ist Segen. Freude ist Segen. Schicke Worte wie Liebe, Freude und Frieden um die Welt und Du wirst den Segen um die Welt schicken. Was auch immer Du der Welt gibst, wirst Du tausendfach zurückerhalten.

Gib Liebe und Du bekommst Liebe. Ist das nicht eine schöne Vorstellung? Gib Frieden und mehre so den Frieden in Deinem eigenen Leben. Schenke Zeit und Aufmerksamkeit an die Erde, Deine Mutter und Du wirst Zeit und Aufmerksamkeit von anderen für Dein Leben bekommen. Wie gesagt, was Du gibst, bekommst Du zurück. Liebe. Liebe ist ein Tunwort, also, nutze es. ;)

Anmerkung: Der Amazonas wird durch Goldschürfen und die Rohdung des Amazonas-Regenwalds für Rinderwirtschaft schwer bedroht. Durch den steigenden Fleischkonsum benötigt man Weideland für Rinder und baut Sojabohnen als Tierfutter an. Mit jedem Baum, der dort gehen muss, wird die Erde nicht nur um ein wunderschönes Lebenwesen ärmer, sondern der Boden mit all seinen Nährstoffen wird durch die starken, in dieser Region täglich vorkommenden Niederschläge, ausgewaschen und verödet. Die dortige Wüstenbildung ist irreversibel. Anfang 2000 kam es bereits zu mehreren Dürrewellen im Amazonas und im Jahr 2025 werden 75% des dortigen Regenwalds verschwunden sein. Jedes Gebet um seine Erhaltung freut seine Seele und die Seele des Amazonas-Flusses sehr.

Mein Besuch beim Fluss Amazonas

Reise zu den Anden

in Südamerika

Hallo, ich bin die Seele der Anden,

Als längste Gebirgskette der Erde weiß ich, was es heißt, Größe zu zeigen. Außer meinen Bergfreunden in Asien, wie dem Himalaya und seinen Freunden, bin ich das höchste Gebirge der Welt. Ich gleite entlang der Westküste Südamerikas von Venezuela, Kolumbien, Ecuador, Peru, Bolivien, Argentinien nach Chile. Damit ist mein Körper von Norden nach Süden 7500 km lang und an manchen Stellen bis zu 600 km breit. Ich bin ein liebevoller Teil des höchsten Faltengebirges der Erde, den Kordilleren. In meinem Fall, den Amerikanischen Kordilleren, die von Alaska bis nach Feuerland reichen und eng verdunden sind mit dem Pazifischen Feuerring.

Deshalb sind viele meiner Berge Vulkane. Damit hält mein Körper liebevoll die höchsten Vulkane der Welt in sich geborgen. Magst Du mich nicht mal besuchen kommen?

Vor langer Zeit ehrten die Menschen die Natur. Sie gaben ihr Opfergaben aus Speisen und Trank und ehrten sie mit heiligen Liedern und Tänzen. Die Natur gab ihnen Essen und Zuflucht und war ihnen eine weise Lehrmeisterin. Diese heiligen Zeiten sind leider vorbei. Aber wie wäre es, wenn Du sie wiederbelebst? Nein, Du musst nicht die alten Tänze kennen und nicht die alten Lieder wissen. Aber ein kleines Lächeln für die Blumen, die am Wegesrand sind, ein Danke an die Vögel für ihren schönen Gesang oder ein freundliches Wort für einen Baum, der Schatten spendet im zu heißen Sommer – das sind alles Anfänge in die richtige Richtung.

Komm, lass uns wieder mit der Natur eine Familie bilden, denn Du warst ja nie getrennt. Der Mensch hat sich nur dazu entschieden, sich als getrennt zu sehen. In Wahrheit ist er ein Kind der Natur. Er atmet Luft, er trinkt Wasser und ernährt sich von den Früchten der Bäume und des Feldes. Tiere sind seine Geschwister und erfrischen seine Seele. Sie erinnern ihn an sein eigenes Licht im Innern und geben ihm Halt in dieser Welt. Warum also nicht die Familie wieder erweitern und die Erde dazu einladen, wieder Teil der erlebten eigenen Familie zu sein? Ich warte auf Dich. Das habe ich immer getan. Ich warte und freue mich auf Deine Rückkehr. In Liebe, Deine Anden.

P.S.: Vor 150 Millionen Jahren geboren, hält diese Gebirgskette 54 Berge, die weit über 6100 m liegen. Der höchste Berg davon lebt in Argentinien, Aconcagua, mit 6962 m.

Mein Besuch bei den Anden

Reise zu Palenque

in Mexiko, Mittelamerika

Hallo, ich bin Palenque.

Ich lebe im Tieflanddschungel von Mexiko und bin seit dem 4. Jahrhundert n.Chr. eine wunderschöne Mayametropole.

Meine Stadt liegt auf einer Terrasse an die grünen Hügel des Landes geschmiegt und dank der zahlreichen Bachläufe, die durch mein Land fließen, bin ich glücklich ein Teil allen Lebens hier.

Mein Körper reicht im Moment 2 km von Ost nach West, doch zugegeben, erst 5% meiner schönen Gebäude und Wege wurden freigelegt. Ich bin glücklich, dass der größte Teil noch im schönen mexikanischen Dschungel ruhen darf.

Auch, wenn ich gern mit Menschen, die mich hier besuchen, zusammen bin. Ich freue mich, dass man mich aufsucht, ob in Träumen oder in Fleisch und Blut.

Denn ich teile gerne den Frieden dieses wunderschönen Ortes mit Dir. So sage ich Dir, willkommen.

Frieden sei mit Dir, schöne Seele. Dass Du mich besuchst, freut mich sehr. Ich bin ein ganzer Ort voller Heiligkeit mitten im Dschungel der Amerikas. Wenn Du mich aufsuchst, werde ich Deiner Seele eine ganz neue Sicht auf das Leben geben und Deinen Weg schöner und leuchtender gestalten. Ich sehe, dass ihr Menschen oft festgefahren seid in alten Mustern, die ihr eigentlich gar nicht mögt. Komm doch einfach zu mir in den Dschungel, setz Dich auf die Stufen, die schon so alt sind und bereits so viel gesehen haben und finde das Leuchten in Deinem Herzen. Dieses Leuchten weist Dir von nun an den Weg, Deinen eigenen Weg.

Dies ist mein Geschenk an Dich und ich gebe es Dir so gerne.
Kommt doch vorbei, wenn Du den Weg verloren hast und wir
finden ihn gemeinsam wieder.

Leuchte, meine Kind, leuchte Dein Licht in die Welt und mache
sie mit Deinem Strahlen so viel heller.

Mein Besuch bei Palenque

Reise zum Sonnentor

in Bolivien, Südamerika

Hallo, ich bin das Sonnentor.

Eigentlich nennt man meine Stadt Tiwanaku und um mich zu erreichen, müsstest Du 4000 m in die Höhe steigen. Ich lebe nämlich in der kargen Hochebene in Bolivien und bin bereits 1500 v.Chr. geboren worden.

Das ist lange her und so habe ich schon einiges gesehen und erlebt. Ich war einmal das religiöse und administrative Zentrum einer Prä-Inka-Kultur, die rund um den Titicacasee lebte. Den kennst Du bestimmt.

Ich bin ein 3m großes und 3.75m breites, wunderschön verziertes Tor, das aus einem einzigen Andesitblock geschaffen wurde. Andesit ist ein Mineral, das hier bei mir wohnt. Auf mir findest Du Verzierungen, die schöne Geschichten erzählen.

Ich bin ein Dimensionsportal in andere Zeiten und Welten.

Meine Energie ist die der Verbindung mehrerer Welten miteinander. Ein Miteinander ist immer möglich. Wir sind alle auf der Suche nach denselben Grundwahrheiten – Liebe, Frieden, Freude und Ehrlichkeit. Ehrlichkeit im Umgang miteinander und im Vertrauen in unser Herz.

Es mag einen anderen Weg vorschlagen, als den der meisten oder eine andere Wahrheit kennen, als die, die viele kennen. Aber vertraue. Hier sind so viele Welten in einer zu entdecken, dass Deine Wahrheit eine geehrte und geachtete Wahrheit hier bei uns ist.

Du hast viel gegeben, um hier anzukommen. Vertraue auf den Rhythmus Deines Herzens, dass er Dich sicher führt. Wenn es der Gemeinschaft dient, ist es gut und wahr. Lebe Deine Wahrheit. Die Welt braucht sie.

Mein Besuch beim Sonnentor

Reise zu Rapa Nui,

mit Chile verbunden, Südpazifik

Hallo, ich bin Rapa Nui,

vielleicht kennst Du mich unter dem im Westen bekannteren Namen Osterinsel. Ich lebe im Südpazifik, sehr isoliert mitten im Ozean. Die nächsten Inseln sind hunderte von Kilometern entfernt. Mein Körper ähnelt der Form eines rechtwinkligen Dreiecks, doch das ist nicht alles, was mich so anders macht. Ich habe kein Korallenriff, im Gegensatz zu den meisten pazifischen Inseln, ich besitze eine steile Küste und eine karge Graslandschaft mit viel Wind und Weite. Auf mir leben viele Vulkane, die jedoch schon sehr lange kein Feuer mehr speien. Meine besonderen Freunde jedoch, sind die Moai.

Du hast sicher schon einmal Bilder von den dutzenden Statuen aus Stein gesehen, die meine Küsten und Vulkankrater säumen. Die Menschen rätseln bis heute, was ihre Geschichte ist. Doch ich kann Dir sagen, dass jeder von ihnen seinen eigenen Charakter hat und seine eigenen Aufgaben auf meiner Insel erfüllt. Besuch uns doch mal, laufe durch die Reihen meiner Steinfreunde und frag sie, was sie Dir gern erzählen möchten. Sie freuen sich immer riesig, wenn jemand ihren Geschichten lauschen möchte.

Und was sind Geschichten anderes als Liebe und wie sie sich in der Welt der Menschen zeigt.

Ich freue mich, wie Du siehst, also aufrichtig über Deinen Besuch und sollte Dir mal die Energie fehlen, um tausende von Kilometern zu mir zu reisen, dann gebe ich Dir welche...

Ich gebe Dir Energie. Meine Energie ist die Energie der Liebe. Der Liebe zur Erde. Mein Wesen ist das eines Beschützers und meine Aufgabe bei Dir ist es, Dich an deine Energie zu erinnern. Und wie Du sie nutzt. Nutzt Du sie zu deinem Vorteil, das heißt, erhöhst Du die Liebe in deinem Leben? Nutzt Du sie für die Erde und andere Wesen? Wie möchtest Du deine Energie nutzen? Gibt es einen Herzenstraum, den Du leben möchtest? Ich bin hier, um Dir darin zu helfen, den für Dich richtigen Weg zu finden. Also, besuche mich doch einmal und genieße die Zeit mit mir. Ich helfe Dir leidenschaftlich gern.

Mein Besuch auf Rapa Nui

Reise zu Chimborazo und Cotopaxi
in Ecuador, Südamerika

Hallo, ich bin Chimborazo und ich bin Cotopaxi,

wir sind zwei Berge, die Ecuadors wunderschöne Landschaft zieren. Ich, Chimborazo, bin der höchste Berg in Ecuador mit 6263m Höhe und mein mit Gletscher bedeckter Gipfel ist die Wasserversorgung meines umliegenden Landes. Ich bin der am weitesten vom Erdmittelpunkt entfernte Ort. Dabei sehe ich mich als sehr gesellig an, wohlig umgeben von vielen Vicunas, Lamas, und Alpacas. Mein Name hat übrigens viele Bedeutungen, aber die Menschen, die mich schon seit jeher als heilig betrachten, nennen mich Berg-Eis, Urkurasu. Klingt das nicht schön?

Nun erzähle ich Dir etwas über mich, Cotopaxi. Ich bin einer der höchsten aktiven Vulkane der Erde und stolz auf meine 5897m. Ich lebe in der sogenannten Allee der Vulkane der östlichen Anden. Mein Körper kann etwas ganz Besonderes. Wenn der Mond aufgeht, kannst Du sehen, wie er hinter mir aufsteigt (gut, das vielleicht nicht, wenn Du vor mir stehst) und dann steht er über meinem Gipfel, wie ein Köpfchen. Meine schneebedeckten Hänge sehen dann aus wie ein Poncho, den er trägt. Deswegen haben mich die Menschen hier, "Hals des Mondes" genannt. Ich bin für sie der Sitz der Götter, spende den Regen und sichere die Fruchtbarkeit in meiner Landschaft um mich herum. Besuche mich oder meinen Bergfreund Chimborazo doch einmal. Wir haben Dir viel zu erzählen...

Wir sind beide zusammen Berge, die die Anden überblicken. Wir leben mit den Menschen und für sie öffnen wir Himmelstore. Die, die sehen können, werden die Kräfte des Himmels sehen, die durch uns in die Welt kommen. Manchmal ist es nährender Regen, den wir holen, um Äcker zu bewässern. Manchmal zauberhafte Wolken, die die Menschen in Wunder einhüllen und ihnen ihre Träume näherbringen. Und manchmal holen wir Sterne und Freude auf die Erde, die durch uns stärker und näher an die Menschen heranscheinen. Wer mit uns Kontakt aufnehmen möchte, ist ganz herzlich eingeladen, sich zu uns zu setzen und seine weltlichen Sorgen einmal ganz zu vergessen. Die findest Du ja jederzeit, wenn Du danach suchst.;)

Aber die Wunder der Erde freuen sich, wenn Du ihnen wieder mit offenen Armen und warmem Herzen begegnest. Sieh hin. Das Leben, das Dich umgibt ist voller Wunder. Wir zeigen sie Dir gern. Also, besuche uns doch zusammen oder hintereinander. Wir sind immer für Dich da. Deine Freunde.

Mein Besuch bei Chimborazo

Mein Besuch bei Cotopaxi

Reise zu Tikal und Aguateca

in Guatemala, Mittelamerika

Hallo, ich bin Tikal und ich bin Aguateca,

ich, Tikal, wurde 900 v.Chr. in den Regenwäldern Guatemalas geboren als eine der bedeutendsten Maya-Städte in Mittelamerika. Mein Körper gleitet 65 km² durch den tiefen Dschungel und ist von Stufentempeln und hunderten von Bauten gesäumt. Mein zentraler Platz in der Mitte ist ganze 16 km² groß, kannst Du Dir das vorstellen, wie viele Menschen dort inmitten der Tempel gelebt und gefeiert haben? Ich liebe es, im Dschungel zu leben, er verbindet mich auf tiefe Weise mit meinem Land. Und so bleiben mir auch ein paar Geheimnisse, die im satten Grün verschwinden und nur die Augen zu sehen bekommen, für die sie gedacht sind.;)

Ich gebe meinem Freund Tikal recht, denn auch bei mir sind viele Bauten im Dschungel verschwunden. Geheimnisvoll zu sein, ist eine schöne Sache. Früher war es sehr schwer mich, Aguateca, zu erreichen. Ich bin eine Mayastadt, die oft als Zufluchtsort diente, da ich 100m über einer Lagune auf einer Hochfläche lebe. Du musst also viel Puste haben, wenn Du zu mir klettern willst und dann auch noch gut den Weg im Dschungel kennen. Ich lebe im Stillen und doch ist mit all den Tieren und Pflanzenwesen, die mit mir leben so viel Freude und Lebendigkeit bei mir. Auch das ist eines meiner Geheimnisse: Stille und Freude zugleich.

Als Tikal, bin ich reich an Geschichte. An Geschichte der Erde und der Natur. Meine Verbundenheit zu den Wesen, die mich umgeben, ist riesig. Ich ehre jede noch so kleine Pflanze, jedes Tierchen, das meinen Weg kreuzt, jeden Baum, der mich umhüllt. Ich mache keinen Unterschied zwischen groß oder klein, wichtig oder scheinbar unwichtig. Für mich sind alle Lebewesen meine Freunde. Und so auch Du. Du kannst meine Freundin, mein Freund sein, wenn Du das möchtest und ich würde mich sehr freuen. Freundschaft über die Zeiten hinweg. Denn, wie Du erkennst, bin ich bereits sehr alt. Aber Alter ist wie Stein oder Mensch sein, nicht wichtig. Was zählt, ist das Herz und wenn das rein ist und auf dem Weg zu mir (heißt, wenn Du mich sympathisch findest), dann sind wir Freunde.

Hast Du Lust? Dann komm. Reich mir Deine Hand, setz Dich zu mir und ich erzähle Dir Geschichten längst vergangener Zeiten, wo Mensch, Pflanze und Tier noch eine Familie waren. Komm zu mir und höre zu. Es gibt viel zu entdecken.

Hallo, ich bin's wieder, Aguateca. Ich bin ja eine kleine Stadt, verglichen mit vielen anderen. Aber mein Herz ist groß. Wer sein Herz zu seinem Leitstern macht, wird nie fehlgehen im Leben. Es gibt immer etwas zu entdecken in meinen Baumwipfeln oder auf der Erde, auf der ich wandle. Und so auch in Deinem Leben. Wenn Du denkst, Du weißt schon alles über Dich, wirst Du immer neue Fähigkeiten, Wunder und Spaß entdecken. Und so soll es sein. Genieße das Leben und alles, was es für Dich lebenswert macht und sei mal ein bißchen in meinen Tälern unterwegs. Ich würde mich freuen.

Mein Besuch bei Tikal

Mein Besuch bei Aguateca

Reise zum Zuckerhut

in Brasilien, Südamerika

Hallo, ich bin der berühmte brasilianische Zuckerhut,

ich bin 396 m hoch gewachsen und überblicke mit meinen grünen Granithängen ganz Rio de Janeiro. Mein Körper schmiegt sich an zwei weitere Berge an und zusammen bilden wird die Hügelgruppe Pao de Acúcar.

Das bedeutet Zuckerbrot und ich bin tatsächlich voll von der Süße des Lebens. Ich erkläre Dir gern, wie das geht. Pass auf!

Ich bin gute Laune. Die Freude, am Leben zu sein und alles tun zu können, was das Herz und die Seele begehren. Ich bin die Aufgabe, das Leben zu lieben und zu genießen, die den meisten Menschen doch ein wenig schwerer fällt in dieser Zeit. Ihr denkt zu viel – über andere nach. Ich denke nie darüber nach, ob mein Berggipfel so hoch ist wie der anderer Freunde im Himalaya oder ob ich grüner hätte sein können. Ich liebe mich, so wie ich bin. Und das solltet Ihr auch tun, statt ständig zu hadern mit dem oder der, der Ihr seid. Seid doch einfach glücklich, am Leben zu sein. Die Erde bietet so viel Spaß, so viel Schönes.

Dafür musst Du gar nicht weit gehen. Ich wette, in Deiner Nähe gibt es tolle Orte, die nur darauf warten, besucht zu werden und mit einem Lächeln statt mit griesgrämigen Gedanken gegrüßt zu werden. Aufmerksam durchs Leben zu gehen, das ist das Geheimnis. Sei im Jetzt wach, dann fügt sich alles von allein.

Mein Besuch beim Zuckerhut

Reise zu den Iguazú-Wasserfällen

in Brasilien und Argentinien,

Südamerika

Hallo, ich bin Iguazú,

ich lebe an der Grenze zwischen zwei wunderschönen Ländern, Brasilien und Argentinien. Ich fließe als eine Familie von 20 größeren und 225 kleineren Wasserfällen durch die wunderschöne Welt Südamerikas. Gern lasse ich mir Zeit, fließe liebevoll und achtsam an den kleinen Inseln in meiner Mitte vorbei, aber genauso genieße ich meine tosende Wildheit, wenn ich mit 7000 m³/s dahinströme.

Der bekannteste Ort, an dem ich hinabgleite in die Tiefe von

82 m ist erstaunliche 700 m lang und 150 m breit. Das ist nicht schlecht, oder? Deshalb heißt mein Name übersetzt ja auch "großes Wasser".

Ich bin viele Seelen in einer. Und Du auch. Nein, nicht wörtlich nehmen. Du hast so viele Facetten und Ideen, Talente und Gaben und lebst nur einige davon, wenn überhaupt. Warum siehst Du nicht mal lobend und anerkennend auf Deine Talente und auf Dich selbst und sagst Dir schöne Dinge zur Abwechslung. Rede gut von Dir, von dem, was Du tust oder was Dich besonders macht. Und lass die Kritik ein für alle mal los. Du wirst sehen, das badet Dein Leben in einem ganz anderen Licht. Und dieses Licht tut nicht nur Deiner Seele gut, sondern auch der Welt. Denn wer sich voll und ganz annimmt und liebt, der hat auch für alle anderen Seelen der Schöpfung nur Liebe übrig. Also, fleißig Selbstliebe üben, dann kannst Du der Welt das größte Geschenk machen. Dich, nur glücklich.

Mein Besuch bei Iguazú

Reise zu Chichén Itzá
in Mexiko, Mittelamerika

Hallo, ich bin Chichén Itzá,

ich lebe in Yucatán, einer Halbinsel von Mexiko. Wenn Du mich mal besuchen möchtest, so würde ich mich sehr freuen. Allerdings magst Du vielleicht festes Schuhwerk und etwas Puste mitbringen, denn ich bin 1547 Hektar groß. Ich bin eine Mayastätte mit unzähligen Häusern und wunderschönen Stufenpyramiden. Geboren wurde ich 750 n.Chr., das ist viel Zeit zwischen Deiner und meiner Geburt, aber das macht es ja gerade aus. So kann ich Dir was aus meinen Erfahrungen erzählen und Du erzählst mir Deine. ;)

Meine bekannteste Pyramide heißt übringens Kukulcán-Pyramide und sie ist dem Gott der gefiederten Schlange gewidmet. Jede Tag- und Nachtgleiche kannst Du an ihr etwas Tolles beobachten.

Wenn die Sonne an einem Punkt über meiner Pyramide steht, gleitet ihr Schatten in Form einer Schlange hinab auf meinen Stufen und vereint sich unten am Fuß meiner Pyramide mit einem Steinkopf einer gefiederten Schlange. Ist das nicht wunderschön? So gleitet der Gott sichtbar zweimal im Jahr die Stufen hinab und berührt die Erde unter ihm.

Vielleicht magst Du Dich ja mal an den Fuß eines meiner zahlreichen, wunderschönen Gebäude setzen. Und dann erzähle ich Dir von längst vergangenen Zeiten voller Frieden, Liebe und Einklang vom Göttlichen und den Menschen. Na los, komm vorbei. Ich freu mich!

Immer, wenn Du an etwas Schönes denkst, vielleicht sogar an das gerade gelesene Schauspiel von der schönen Schlange, die hinabgeleitet, dann sendest Du Liebe und Frieden in die Welt.

Ich kann Dir so viele Geschichten erzählen, aber die schönste ist immer noch, wenn DU in Dir Deine eigene Vorstellung von Liebe und Frieden auf der Welt findest. Denn wenn Du eine Herzensbeziehung zu Deinen Wertvorstellungen, zu Deiner Vision von Liebe auf der Welt gefunden hast, wird Deine Welt plötzlich klarer und Du kannst sehen, was Dir bisher entgangen ist durch schlechte Laune und unnütze Gedanken. Wut, Zweifel und Sorgen sind beispielsweise solche unnützen Gedanken.

Leg sie ab. Ich weiß, das ist nicht leicht. Erst recht nicht in einer Welt, die jeden Tag komplizierter zu werden scheint. Aber versuche es doch mal.

Ein Tag ohne Dir Sorgen zu machen oder wütend zu werden, ist doch mal einen Versuch wert. Und sei nicht gleich entmutigt, wenn gerade dieser Tag einige Herausforderungen birgt.

Du kannst das. Ohne Angst und Kummer leben. Du musst nur Deinen Fokus auf Schönes richten, auf alles, was Dir in Deinem Leben im Moment gut gefällt.

Davon gibt es sicher mehr als Du denkst. Zähl doch mal auf, wofür bist Du gerade heute dankbar?

Und noch besser, komm an meine Seite, lehn Dich an meine alten, weisen Steine an und lass mich Dir zuhören, was alles schön und gut ist in Deinem Leben. Gemeinsam finden wir sicher noch viel mehr. Ich hab Dich lieb! Dein Chichén Itzá.

Mein Besuch bei Chichén Itzá

Reise zu Salar de Uyuni

in Bolivien, Südamerika

Hallo, ich bin Salar de Uyuni,

hast Du schon einmal von mir gehört? Nein? Ich bin die größte Salzpfanne der Erde. Was das ist? Also, vor über 10 000 Jahren trocknete ein wunderschöner riesiger See namens Tauca aus und das Salz, das in Form eines 10 000 km² großen Sees ohne Wasser zurückblieb, das kannst Du besuchen. Denn das bin ich.

Ich lebe in Bolivien und ein paar Inseln sind in meiner Mitte die wenigen Erinnerungen an meine Zeit mit Wasser. Auf einer dieser Inseln leben 1200 Jahre alte Säulenkakteen. Die sehen wirklich toll aus.

Aber ich kann noch mehr. Wenn die Regenzeit kommt, dann bedeckt mich eine Schicht Wasser und ich werde zu einem der größten natürlichen Spiegel der Erde.

Dann spiegelt sich der blaue Himmel über mir in all dem Wasser und es entsteht EIN Himmel, oben wie unten.

So fällt es den Menschen oft leichter zu sehen, wie sehr der Himmel doch auch auf der Erde ist.

Vielleicht magst Du Dich an meine Ufer setzen und die heilsame Wirkung des Salzes genießen. Salz reinigt nämlich innen und außen, musst Du wissen. Also kannst Du Dir alles vorstellen, wovon Du Dich reinigen möchtest und wir besprechen das bei Deinem Aufenthalt bei mir.

Danach kannst Du entweder ein Salzbad zuhause nehmen und dem Salz für seine Hilfe danken oder Du atmest ein paar Mal tief durch. Auch das reinigt und erfrischt.

Wie Du also siehst, bin ich ein reinigender Ort für diese wunderschöne Erde. Ich gebe viel von meiner Energie, um die Luft sauber zu halten und die Gedanken rein. Wenn Menschen gute Gedanken haben, nähren sie damit ihre Umwelt, wenn sie negative Gedanken haben, dann weniger. Ich bin unglaublich gern an diesem Ort in Bolivien, denn meine Sinne sind hierfür eingestellt. Ich sehe viel und kann mir viel merken, ich höre, was ungesagt bleibt und sehe in das Herz der Umliegenden. Aber meine tollste Aufgabe ist, dass ich so vielen Wesen eine Freude machen kann, ohne dass sie davon etwas wissen. Warum das toll ist, fragst Du Dich vielleicht? Weil ich so ein reines Herz bewahre und mir selbst immer treu bleibe.

Ich kann ihnen helfen, sich bei mir leichter zu fühlen, bessere Gedanken zu hegen und sich selbst mehr wertzuschätzen und meist wissen sie gar nicht, dass ich die Ursache von all dem bin. Es freut mich also, wenn ich der Schöpfung diesen Dienst erweisen kann, denn ich liebe das Leben und die Geschöpfe der Erde. Komm doch mal vorbei und wir sehen, was wir gemeinsam in Deinem Leben bereinigen können.

Mein Besuch bei Salar de Uyuni

Reise zum Wald von Vancouver

in Kanada, Nordamerika

Hallo, ich bin Vancouver,

Du weißt sicherlich, dass ich in Kanada lebe. Aber wußtest Du auch, dass mich einst ein Urwald bedeckte und riesige Bäume daraus hervorlugten?

Früher lebte hier ein gemäßigter Regenwald mit vielen Nadelbäumen, Ahornbäumen und Erlen, immer wieder durchzogen von Sümpfen. Die ersten weißen Siedler veränderten dies, doch ist noch ein Teil meines Waldes geblieben. Hier hüte ich zarte Seelen der Pflanzen- und Tierwelt und streife den nahen Ozean mit meinen grünen Armen.

Dank meiner zärtlichen grünen Umarmung sind unter meiner Blätterdecke die seltensten Lebewesen erhalten geblieben und für die vom Menschen anderswo verdrängten Geschöpfe, bin ich neue Heimat geworden.

Als die ersten Siedler nach Kanada kamen, lebten die dortigen Einwohner, die Indianer, bereits 6000 Jahre in friedlicher Harmonie mit der Natur und besonders den Wäldern zusammen. Ich erinnere mich an diese heilige Zeit und meine letzten verbleibenden Urwälder aus Nadelbäumen ebenso. Wir ehren die Natur und alle Wesen, die im Herzen eins mit ihr sind. Wir freuen uns über jedes Geschöpf, das unseren Wert für die Herzen der Menschheit erkennt.

Ich bin ein kleiner Wald, verglichen mit der Größe des Regenwaldes in Südamerika. Aber meine Aufgabe besteht darin, den Menschen ihren eigenen Weg zu zeigen. Hier in Kanada leben die Menschen individuell. Sie besinnen sich auf ihre Werte und Wurzeln und sie lernen neue Traditionen kennen. Sie vermischen beides zu einer schönen Einheit aus Liebe und Achtung vor der Natur. Das ist schön.

Ist Dein Leben auch eine so schöne, harmonische Mischung aus alt und neu? Ja? Nein? Falls das nicht der Fall ist, dann helfe ich Dir gern dabei, Deine Wurzeln kennenzulernen und sich in Liebe auf sie zu besinnen. Aus welchen Ländern stammen Deine Vorfahren? Fühlst Du Dich diesen Ländern verbunden? Vielleicht wäre es an der Zeit, Dich einmal mit ihnen zu befassen und dabei möglicherweise den ein oder anderen Schatz zu entdecken. Kulturen aus denen Deine Familie stammt oder Länder mit denen Du Dich im Herzen verbunden fühlst, sind Deine Wurzeln. Sie gehören zu Dir. Sie geben Dir eine ungeahnte Stärke und Kraft. Lerne sie kennen und Du wirst Deinem Leben eine ganz neue und wunderschöne Richtung geben.

Und wenn Du Deine Wurzeln kennst, kannst Du neue Wege gehen, die Dir Dein Herz erzählt. So ist Dein Leben ebenso eine Mischung aus alt und neu, Wurzeln und dem Segen des Jetzt.

Mein Besuch im Wald von Vancouver

Reise zu den Niagara-Fällen

in Nordamerika

Hallo Reisender, wir sind die Niagara-Fälle,

wer kennt uns nicht? Tosend und umrandet von romantischen Legenden, leben wir an der Grenze der Länder, die Menschen Kanada und Amerika nennen.

Als vor 12000 Jahren die letzten großen Gletscher in dieser Gegend schmolzen, brachten sie den Eriesee mit ihren Schmelzwassern zum Überlaufen und schufen den Fluss Niagara. Dieser schlängelt sich über das Land dem Ontariosee entgegen und verbindet so bis heute beide miteinander.

Wir durchströmen das Land um uns mit 5750 m³/s und werden durch mehrere Inseln in drei Fälle geteilt: die American Falls, die Bridal Veil Falls und die Horseshoe Falls, an letzteren stürzen wir 57m ungehindert in die Tiefe.

Ein von Menschen erbauter Staudamm drosselt unsere einstige Wildheit und lässt nur noch etwa die Hälfte unseres Wassers die Hänge hinabtosen. Das bedauern wir sehr, denn wir lieben unsere Wildheit und Freiheit. Das tust Du sicherlich auch?

Weißt Du, Wildheit ist ein anderer Ausdruck für Lebendigkeit und Lebensfreude. Wir genießen es sehr, Leben an unseren Ufern zu spenden, Freude zu schenken und die Herzen zu erfrischen. Wenn Du lebst, wer Du bist, ganz ohne andere in Bedacht zu nehmen, nur dem wilden Herzschlag in Dir folgend, so lebst Du wie die Schöpfung Dich wollte. Frei, ungezähmt und voller Liebe zum Leben.

Lebe, mein Freund, meine Freundin, lebe, wer Du in Deinen kühnsten Träumen bist und Du wirst frei sein. Und niemand kann Deine Wildheit je wieder einsperren.

Mein Besuch bei den Niagara-Fällen

Reise zum Yosemite - Park
in Nordamerika

Hallo, ich bin der Yosemite – Nationalpark,

als vor über 10 Millionen Jahren ein wunderschönes Gebirge namens Sierra Nevada in die Höhe geschoben wurde, entstand in langer Kleinstarbeit durch die Gletscher in dieser Gegend ein atemberaubend schönes Tal. Dieses Tal und sein Umland tragen meinen Namen, Yosemite.

Die westlichen Hänge der Sierra Nevada, ihre berühmten Berge und Felsvorsprünge wie Half Dome und El Capitán, meine wunderschönen in Fels und sattes Grün gebetteten Wasserfälle, die Wälder voller Riesenmammutbäume und die wundervollen Lebewesen der grünen Welt und der vierpfotigen, gefiederten und geschuppten Familie, sind meine kostbaren Schätze, die ich in tiefer Liebe hüte. Ich achte auf jedes Lebewesen, sei es auch noch so klein.

Von mir stammt der Ausspruch, Klein kann nicht klein genug sein, um nicht auch unendlich wertvoll zu sein. Ich lebe von Menschen begrenzt auf 3081 km², aber meine Liebe erstreckt sich über alle Grenzen hinweg.

Mit zwei meiner vielen Flüsse, dem Merced River im Süden und dem Tuolumne River im Norden gleitet meine Liebe auch noch weiter, zu Tieren, Pflanzen und Menschen.

Ich bin stolz, all diese Seelen hüten zu dürfen und hoffe, ein kleiner Blick von Dir zu mir zeigt Dir, wie wunderschön die Welt ist.

Ich bin zwar ein Nationalpark, das heißt ein Schutzgebiet von Menschen geschaffen. Aber eigentlich ist jeder Flecken Erde Deinen Schutz wert. Von all den Gebieten auf der Erde werden jene besonders geachtet, die viele Tiere beherbergen, die selten sind oder die Pflanzen und Bäume hüten, die sehr alt sind. Aber Dein Garten beherbergt in seiner Erde ebenfalls unendlich viele Lebewesen und die Bäume und Pflanzen in Deiner Nähe, die Du jeden Tag siehst oder von denen es viele gibt, sind genauso wichtig für die Erde und damit für Dich, wie die Tiere und Pflanzen eines Nationalparks. Vielleicht möchtest Du in nächster Zeit einmal durch Deine Natur in Deiner Umgebung gehen und darüber nachsinnen, wie es wäre, ohne diese kleinen scheinbar unscheinbaren Pflanzen auskommen zu müssen. Die Erde wäre sicherlich ein traurigerer Ort dadurch.

Also, wenn du das nächste Mal in einen Nationalpark reisen möchtest, reise doch in den vor Deiner Tür und sieh, was du tun kannst, um ihn mehr zu unterstützen in seiner Arbeit für die Erde und ihre Lebewesen und auch Dich.

Er freut sich sicher über Deine Aufmerksamkeit, denn die wird ihm selten zuteil und ich warte auf Dich, wenn Du Dich von all der anstrengenden Gartenarbeit oder Naturschutz ausruhen willst. Komm zu mir und wir machen Deine Natur kraftvoll und stark. Alles Liebe, Dein Yosemite.

Mein Besuch im Yosemite - Park

Reise zum Grand Canyon

in Nordamerika

Hallo, ich bin der Grand Canyon,

"grand" heißt ja groß, aber so groß fühle ich mich gar nicht. Ich fühle mich in erster Linie dankbar. Dankbar, dass ich so viele verschiedene Landschaften, Klimazonen und Geschöpfe hüten darf.

Wußtest Du, dass an meinem höchsten Punkt in 2683m Höhe Nadelwälder bei mir wachsen? Und dass ein paar Schritte weiter, am Rand der Schlucht, schon ein Mischwald auf Dich wartet? Dass tief in meinen Schluchten Kakteen und Sträucher und keine Bäume mehr wachsen, aber an meinem geliebten Fluss Colorado satte Graslandschaft auf Dich wartet? Und der Rest bei mir Wüste ist?

Ich fühle mich gesegnet, so vielen Tiere und Pflanzen dadurch Heimat sein zu können.

Nachdem ich vor 5 bis 6 Millionen Jahren entstanden war, schuf mein Freund Colorado über sehr lange Zeit hinweg meine Schönheit, die Du heute betrachten kannst. Ich bin bis zu 1800m tief und auf einer stattlichen Länge von 450 km, mal zwischen 6 km und mal bis zu 30 km breit. Oder sollte ich sagen, weit?

Weite. Was fällt Dir dazu ein? Weit und frei die Möglichkeit haben, zu handeln wonach Dein Herz begehrt? Sich frei fühlen im Leben, frei zu sein, wer Du sein möchtest? Was Du auch ersehnst an diesen tief befreienden Gefühlen im Inneren, ich bin da, sie Dir zu geben. Meine Weite ist groß und hier, in meinen weiten Armen, findest Du die Größe in Dir, Dein Leben so umzugestalten wie Du möchtest. Häng Dir doch ein Bild von mir auf und betrachte es immer dann, wenn Du Dich frei fühlen möchtest.

Lass mich und meine Kräfte auf Dich wirken und wir werden gemeinsam Dein Leben umgestalten, dass Du Dich so frei fühlen wirst, wie ich groß bin.

Anmerkung: Nach dem Bau des nahegelegenen Damms 1963 ist der Colorado River fast vollständig abgeschnitten von seinem ursprünglich periodischen Hochwasser. Dies führte in vielen Teilen des Grand Canyon zu einer Veränderung der Böden, einer starken Austrocknung und Gefährdung zahlreicher Lebewesen. Zwar wird unregelmäßig der Canyon geflutet, das reicht jedoch nicht aus, um die ursprüngliche Natur wieder herzustellen. So bemühen sich Umweltschützer um eine regelmäßige Flutung. Bete für ihn, wenn Du magst, es wird ihn sehr freuen.

Mein Besuch im Grand Canyon

Reise nach Neufundland

in Kanada

Hallo, ich bin Neufundland,

eigentlich bin ich eine Insel vor Kanadas Küste, doch mit Labrador zusammen bin ich auch eine große Portion Land.

Als ich noch ganz jung auf der Erde war, da lebte ich mit Schottland, Skandinavien und Marokko im großen Ozean als ein Kontinent zusammen. Dann teilte sich das Meer, der Atlantik entstand und ich driftete an meinen heutigen Platz vor Kanadas Küste. Ist das nicht erstaunlich?

Zu meinen kontinentalen Freunden auf der anderen Seite des Atlantik habe ich bis heute eine tolle Freundschaft. Nur wissen das die wenigsten. Wir erzählen uns viel voneinander und wissen so immer Bescheid, was "drüben" so los ist.

Das Ganze war zwar vor mehr als 435 Millionen Jahren, aber ich sehe keine Zeit, ich sehe Freundschaft. Und die hält ewig. Wie Du siehst, mag ich alles gern entspannt...

Alles entspannt. Ich mag die Dinge gern ruhig und lässig. Du auch? Warum habt ihr Menschen immer so viel Hektik in Eurem Leben? Warum rennt ihr und seht nicht mehr die Pflanzen am Wegesrand oder die Möwe am Himmel ihre Kreise ziehen? Das Leben ist zwar kurz, aber dennoch lang genug, um es mit so viel Schönem wie möglich zu füllen. Ich habe alle Zeit der Welt, um das Leben zu genießen und das hast Du auch. Warum also rennen und Dir dabei das Gefühl geben, es sei nicht genug Zeit für alle Dinge? Es ist immer genug Zeit da. Lass Dich mal im Alltag treiben.

Versuche es einfach. Geh langsamer, sieh Dir die Dinge genauer an als sonst, achte auf Deine Sinne. Was hörst Du in diesem Moment? Was siehst Du in diesem Augenblick? Was fühlst Du? Komm im Moment an. Hab Zeit. Ich hab sie auch. Und wenn sie Dir mal fehlt, dann komm zu mir. Setz Dich zu mir an einen besonders schönen Ort – Du kannst mich im Internet ansehen – und rede mit mir über Dein Leben. Ich werde es mit Dir gemeinsam langsamer gestalten. Hab Zeit, Freund.

Mein Besuch auf Neufundland

Reise zum Atlantik

Hallo, mein Freund, ich bin der Atlanik,

ich bin der zweitgrößte Ozean der Erde und meine Wasser umarmen ein Fünftel der Erdoberfläche. Würdest Du bei mir abtauchen wollen, so wäre meine durchschnittliche Tiefe wogende 3293 m.

Als "Meer des Atlas", was mein Name bedeutet, trage ich eine große Verantwortung, denn der weltweit größte Schiffsverkehr gleitet durch mein Wasser.

Normalerweise mag ich es entspannt und ruhig, aber ich bin nicht so zahm wie mein Freund der Pazifik, denn ich muss so unterschiedliche Lebewesen wie den europäischen Kontinent mit Afrika und Amerika verbinden. Das sind ganz schön unterschiedliche Geschöpfe, sage ich Dir.

Als ich vor mehreren 100 Millionen Jahren geboren wurde, waren diese Kontinente noch eine Landmasse. Dann entstand ich in ihrer Mitte und fortan war es meine wunderschöne Aufgabe, sie alle zu verbinden.

Da mein karibischer Freund, der Golfstrom, quer durch mich hindurchgleitet, bringt er den ohne ihn kalt bleibenden Küsten Nordeuropas so ein mildes Klima.

Meine Botschaft ist die der Liebe. Der Liebe zu den Meeren dieser Erde. Hast Du schon einmal ein Gewässer besucht und gewußt, dass dies ein heiliger, kraftvoller Ort ist? Dann hast Du die heilige Energie des Wassers schon einmal kennengelernt. Menschen haben viel Freude am Wasser und im Wasser. Aber sie könnten noch mehr Freude haben, wenn sie ein wenig achtsamer mit dem Wasser umgehen würden.

Ich meine nicht nur Wassersparen zuhause. Ich meine mehr die Energie des Wassers. Früher gab es Menschen, deren heilige Aufgabe es war, das Wasser zu segnen und zu ehren, mit Gesängen und Klängen. Manche Inseln haben dies noch. Aber wie wäre es, wenn Du den Wassergeistern bei Dir auch eine solche Freude machst? Segne das Wasser, das Du trinkst und Du segnest damit die Wasser dieser Erde. Singe, wenn Dir danach ist, sobald Wasser in Deiner Nähe ist – als Bachlauf, im Waschbecken oder als Regen. Tanze und denke dabei an das Wasser. Die Wassergeister lieben Lachen, Tanzen und Musik. Tanz in Gedanken mit ihnen und Du belebst das Wasser neu, wie es einst die Menschen der Vorzeit taten. Wir freuen uns darüber und senden Dir unsere Dankbarkeit und Liebe.

Mein Besuch beim Atlantik

Reise nach Grönland,

mit Dänemark verbunden, Europa

Hallo, ich bin Grönland,

ich bin die größte Insel der Erde. Auf meinen stattlichen 2650km Länge hüte ich unzählige und wunderschöne Gletscher, hinreißende Tiere wie den Eisbären und den Moschusochsen und mit Stolz den zweitgrößten Eisschild der Erde. Ich liebe mein Eis, denn es schenkt der Erde so viel. Es bringt ihr Kühle, speichert heilige Informationen in seinen kristallinen Schichten und ist ein Lebensraum für sich selbst.

Alles auf der Welt scheint endlich. Doch in Wahrheit ist alles ein großer Kreislauf. Von lieben und geliebt werden, von Geben und Nehmen, von Energie, die sich verteilt und wieder zusammen wirkt. Ich gebe Dir heute den liebevollen Rat, einmal nur auf Deine Seele zu achten.

Welche Worte, Bücher oder Filme sprechen Deine Seele in ihrem Kern an? Welche Werke oder Gesellschaft sorgt für Freude und Licht in Deiner Seele? Achte einmal auf die Impulse der Energie, die Dir von den Dingen gesandt werden. Alles ist ein großer Kreislauf und wessen Du Dich aussetzt, das wird mehr in Deinem Leben. Achte auf die Liebe und Du erzeugst Liebe. Achte auf die Freude und ja, Du erzeugst Freude. Achte auf Frieden und Du wirst Frieden erschaffen. Wir sind da, besuche uns doch einmal und erkenne, wir sind Dein liebevoller Zufluchtsort, wenn du den "falschen" Kreislauf angezogen hast. Wir löschen die falschen Muster in Dir und helfen Dir erneut zu beginnen, mit mehr Liebe, mehr Freude und mehr Frieden. Wir sind da, besuche uns doch, wir freuen uns darauf, dein Leben lichtvoller zu gestalten.

Mein Besuch auf Grönland

Reise zu den Polarmeeren

Hallo, wir sind die beiden Polarmeere,

wir leben um den Nordpolarkreis (Arktischer Ozean) und den Südpolarkreis (Südlicher Ozean).

Wir sind zwar unterschiedlich und weit voneinander entfernt, doch verbinden uns gemeinsame Freunde wie Wale miteinander.

Unsere ganze Liebe gilt der Erde. So speichere ich, das Südpolarmeer, große Mengen an Kohlendioxid und von Menschen erzeugter Treibhaus-Wärme. Ich nehme sie mit in meine Tiefen und halte sie dort fest.

Zwar bin ich das sturmreichste Geschöpf der Erde, der wildeste Ozean, doch die starken Winde helfen mir, meine Aufgabe für die Erde zu erfüllen.

Im Gegensatz dazu bin ich, das Nordpolarmeer, größtenteils von Eis bedeckt und erfülle damit eher die Aufgabe, Ruhe und Klarheit einkehren zu lassen.

Klarheit entsteht im Herzen. Wenn Du ein aufgewühltes Herz hast, kannst Du schwerer Klarheit in Deinen Gedanken finden. Versuche, Deine Emotionen auszuatmen. Versuche, jede Emotion loszulassen. Dann kannst Du leichter hören, was wirklich in Deinem Herzen ist und Du findest die Klarheit, die Du suchst. Wenn Du heute eine Entscheidung treffen möchtest, dann verbinde Dich mit Deinem inneren Ort der Ruhe und der Erdung. Versuche, so tief wie möglich an diesem Ort anzukommen und Du wirst erkennen, wie all Deine Sorgen und Probleme sich auflösen.

Oder zumindest nicht mehr so groß sind. Verbringe an diesem Ort einige Atemzüge und erde Dich ganz bewußt, verbinde Dich mit den Elementen hier. Dann kannst Du im außen leichter Entscheidungen treffen, die voller Klarheit und Liebe sind. Und die Deinem Herzen entsprechen.

Mein Besuch bei den Polarmeeren

Reise zur Arktis, zum Nordpol

Hallo, ich bin der Nordpol,

ich lebe auf dem Kontinent Arktis, der eigentlich gar kein Festland ist, sondern ein ganzjährig zugefrorenes Meer, der Arktische Ozean.

Ich umfasse mit meinen kristallinen Armen die nördliche Polkappe, die nördlichen Spitzen von Nordamerika, Europa und Asien. Somit vereine ich unter meinem glitzernden weißen Mantel viele Seelen und noch mehr unterschiedliche Lebensweisen.

Viele Geschöpfe nennen mich Heimat, darunter der kraftvolle Eisbär. Doch wie bei ihm, so ist auch bei mir Zartheit unter dem Angesicht der Stärke verborgen. Denn unter mir wogt ein über 4000m tiefes Meer.

Diese eisblaue Weite, die mich auszeichnet, ist ein Zeichen meiner Zartheit und die vielen Seelen, die ich eine, sind eine tiefe Liebe für mich.

Weite und Freiheit entstehen im Herzen. Jeder Ort dieser Erde kann ein Lehrer für Dich sein. Jeder Ort dieser Erde kann Dir die Energien geben, die Du gerade brauchst. Die Erde ist ein wundervolles Wesen. Sie kann Dir all das geben, was Dein Herz ersehnt. Ersehnst Du Weite, so komme zu mir oder an einen anderen Ort, der Dich mit Weite und dem Gefühl der Freiheit im Inneren erfüllt. Ersehnst Du das Gefühl, geliebt zu werden wie Du bist, so folge Deinem Herzen, gehe nach innen und siehe, welcher Ort dieser Erde Dir spontan in den Sinn kommt. Wir sind unzählige Orte und jeder einzelne von uns kann Dir geben, was Du brauchst.

Folge Deinem Herzen, folge uns, komme zu uns und ruhe Dich in unserer Mitte aus.

Und wenn Du Dich gestärkt fühlst, kehre wieder an Deinen jetzigen Ort zurück, aber mit dem Gefühl der Erdung, des Geliebtwerdens und der Freiheit im Herzen. Wir lieben Dich sehr, Kind dieser Erde.

Mein Besuch am Nordpol

Reise zur Antarktis, zum Südpol

Hallo, ich bin der Südpol,

für mich gibt es so viele Bezeichnungen. Meist nennen Menschen den Kontinent Antarktika mit dem Südlichen Ozean, Antarktis.

Aber eigentlich zählt die Liebe viel mehr als alle Worte zusammen. Und da meine Wasser so reich an Sauerstoff sind, schenke ich der Welt ein wunderbares Ökosystem. Geschöpfe, die viele 100 Jahre alte sind, leben in meinen Tiefen oder Pinguine, die nur bei mir zu finden sind oder seltene Fischarten.

Meine Energie ist eine alte Energie. Eine Kraft der Liebe zum Leben und zum Erhalt allen Lebens auf Erden. Meine Seele sehnt sich danach, der Erde Gutes zu geben und den Menschen die Schönheit der Welt, die sie umgibt, zu offenbaren.

Meine Kraft hütet Schätze, die die Menschheit gut gebrauchen kann in dieser Zeit des Wandels. Nein, keine Bodenschätze. Ich hüte Klarheit im Geist, Reinheit des Herzens und edle Kraft. Klarheit bedeutet, sich selbst und sein Herz zu fühlen, es schlagen zu spüren im Körper und zu verstehen, wohin es einen in Liebe zieht. Reinheit bedeutet Freude am Leben, ohne darüber nachzudenken, was andere sagen oder davon halten mögen. Edles bedeutet, sich dem Gute zuzuwenden und den Weg zu gehen, der ein lichtes Gefühl im Herzen hinterlässt. So, sag mir, mein Kind, sind das nicht Schätze? Möchtest Du einen davon entwickeln, so besuche mich doch einfach. Sieh Dir Bilder von mir an und dann reise in eines. Setz Dich hin, so kalt ist es nicht...Und finde in meiner Klarheit zu Deiner, in meiner Reinheit die Deine und in meinem Edlen das Deine. Ich liebe Dich. Gib gut auf Dich acht.

Mein Besuch am Südpol

Reise auf die Bahamas

im Karibischen Meer

Hallo, wir sind die Bahamas,

wir sind mehr als 700 Inseln und noch viel mehr Korallenriffe im Karibischen Meer. Unsere Inseln werden von vielen Lebewesen der Schöpfung bewohnt, manche von Mensch und Tier und viele nur von Tieren und Pflanzen allein.

So lebt auf unserer Insel Little Inagua eine wunderschöne Kolonie von Meeresschildkröten, die dort geboren werden und ins Meer gleiten.

Auf einer weiteren Insel leben wilde Schweine im Wasser und an Land. Ein toller Anblick, auf den ich sehr stolz bin. Wer hat schon wilde Meeresschweine bei sich.;)

Auch das drittgrößte Riff der Welt, Andros Barrier Reef, liegt in unseren karibisch-warmen Gewässern.

Komm mal näher. Was siehst Du, wenn Du ganz nah an eine Sache herangehst? Du siehst ihren wahren Kern. Wann warst Du das letzte Mal ganz in eine wunderschöne Sache oder Person versunken und hast darüber die Schönheit dahinter entdeckt? Deine eigene Schönheit? Wir kennen das Gefühl, das Menschen kommen und sehen, aber nicht wahrhaft hinschen. Sie öffnen nicht ihr Herz für einen Ort oder eine Landschaft, ein Hobby oder eine Person und sehen wirklich hin. Was verbirgt sich hinter diesem Platz? Welche Energien fühlst Du? Was schenkt Dir dieser Ort oder diese Person? Um was macht sie Dein Leben reicher? Wenn Du Dir diese Fragen einmal in Ruhe beantworten magst, entdeckst Du vielleicht ganz neue Seiten in Deinem Leben, die Dir noch mehr Vergnügen am Sein geben können.

Hab Vertrauen. Wir kennen den Weg zu mehr Lebensfreude und Kraft und der führt immer übers Herz. Und darüber, sich vollen Herzens auf eine Sache einzulassen. Lebe, mein Schatz. Ein Menschenleben ist kurz, aber schön.

Mein Besuch auf den Bahamas

Reise zum Karibischen Meer

Hallo, ich bin das Karibische Meer,

der Atlantik ist meine Familie, ich bin sozusagen ein Nebenarm von ihm. Zusammen mit meinem Freund, dem Golf von Mexiko, bilde ich das Amerikanische Mittelmeer.

Ich umspüle und liebkose sämtliche Inseln der Karibik und hüte ihre kostbaren Meereslebewesen.

Mit 7680m Tiefe hat der Kaimangraben, zwischen Jamaika und den Kaimaninseln, die weltweit tiefstgelegenen Untersee - Vulkane der Welt. Klingt das nicht spannend?

Vielleicht hast Du ja mal Lust, mich zu besuchen. Ich würde mich freuen.

Alles, was man loslässt, kehrt zu einem in veränderter Form zurück. Lass los, was nicht mit Dir übereinstimmt. Lass los, was Dir Kummer bereitet und übergib es höheren Mächten der Liebe. Hab Vertrauen, dass alles, was Dir begegnet auch seinen Sinn hat. Aber den Kummer, den es bei mancher Berührung erzeugt, den musst Du nicht aufnehmen. Gib ihn wieder ab und warte, auf welche veränderte Weise als Liebe die Energie wieder zu Dir zurückkommen wird. Als Liebe, als Ruhe, als Sanftmut. Hab Vertrauen. Mehr ist nicht nötig.

Mein Besuch beim Karibischen Meer

Reise zum Nil in Ägypten,
Afrika

Hallo, ich bin der Nil,

ich entspringe in den Bergen von Ruanda und Burundi und durchquere auf meinem Weg zum Mittelmeer viele Staaten Afrikas. Von meiner langen Reise kann ich viel berichten. Ich schlängle mich durch grüne Regenwälder und trockene Wüsten. Nach 7000 km münde in ich in Ägypten ins Mittelmeer. Dank mir und meinen fruchtbaren Wassern, ist Ägypten keine Wüste, sondern ein blühendes Land, das nahe meiner Ufer fruchtbaren Boden vorfindet. Ich freue mich über jede Tierart, die in meinen Armen eine Heimat findet. Darunter das Nilkrokodil, die Nilgans und früher das Nilpferd.

Hast Du heute schon gelacht? Nein? Dann wird es aber Zeit. Denn wie heißt es so schön: ein Tag ohne Lachen ist ein verlorener Tag. Ganz so dramatisch würde ich es zwar nicht ausdrücken, aber Lachen stärkt Deine Aura, Dein Immunsystem und...es bringt Dich Gott näher. Hast Du schon mal einen so schönen Tag gehabt, dass Du wußtest, Gott lacht mit Dir? Genau. Das tut er nämlich auch. Und genau das möchte ich Dir beibringen. Lache mehr. Nimm die Dinge nicht ernst. Sei fröhlich. Und Du wirst Gott in jedem Grashalm und in jedem Tag entdecken. Komm, setz Dich an mein Ufer und lach mit mir, über den Sonnenschein, die Wolken am Himmel, die Vögel, die vorüberziehen. Komm schon, worauf wartest Du? ;)

P.S.: Mit einer Fließgeschwindigkeit von 2770 m³/s und zahlreichen Stromschnellen, ist der Nil der wichtigste Fluss Afrikas. Ohne ihn wäre Ägypten eine reine Wüste geblieben. Dank dem fruchtbaren Nilschlamm, konnte eine Hochkultur an den Ufern des Nils entstehen, die ihresgleichen sucht.

Mein Besuch beim Nil

Reise nach Karnak in Ägypten,

Afrika

Hallo, ich bin Karnak.

Ich wurde 2000 vor Christus geboren und erschaffen aus purer Liebe zum Himmel. Meine Aufgabe ist es, die Sonne, den Wind und den Himmel sowie das Leben gesamt auf der Erde zu ehren. Ich verwebe die Vergangenheit mit der Gegenwart und bringe der Menschheit einen Ort, der sie tief in ihren Herzen an ihre Herkunft vom Himmel erinnern soll. Ich bin die größte Tempelanlage in Ägypten und nahe Luxor am östlichen Nilufer zuhause. Bei mir wehen Wind und Sonnenlicht jeden Tag in bestimmten harmonischen Strömen durch meine Säulen und erschaffen eine liebevolle Verbindung zwischen Himmel und Erde. Komm zu mir und überzeuge Dich selbst. Ich bin so lebendig wie Du.

Kraft. Kraft kommt aus der Seele. Wenn Du im Leben manchmal an einen Tag gerätst, der viel Kraft von Dir erfordert oder Du kaum Kraft in Dir findest, um mit einer Angelegenheit umzugehen, so wisse, Kraft ist in Deiner Seele.

Komm zu mir, wenn Du nach Kraft suchst. Ich zeige Dir die Orte in Deinem Inneren, die schönen unberührten Plätze der Seele, die in Dir voller Kraft sind. Was gibt Dir Kraft? Was erfüllt Dich mit Freude? Was motiviert Dich? Kraft hat viele Gesichter und eines davon ist die Liebe. Je mehr Liebe Du in Dein Leben lässt, je mehr Du auf die Dinge achtest, die Dir Liebe geben, desto stärker wird diese größte Kraft in Deinem Leben sein. Denn Kraft ist gelebte Liebe. Fehlt Dir die Kraft in einer Situation, fehlt Dir in Wahrheit die Liebe in dieser Sache.

Halte inne. Wende Dich mir und Deiner lichtvollen Führung zu. Ich erschaffe mit Dir Liebe. Und je mehr Du davon hast, desto mehr strahlt Deine Kraft aus Deiner Seele hervor.

P.S.: Nachdem Jahrtausende vergingen und die Tempel von Karnak in diesem gesamten Zeitraum immer mehr erweitert wurden, steht heute die größte Tempelanlage am Nilufer. Seit 1979 ist sie UNESCO-Weltkulturerbe und verehrt Amun-Re, den dreifachen Gott von Sonne, Wind und Fruchtbarkeit, seine Gemahlin, die Göttin Mut, die Göttin des Himmels und Mutter des Pharao und beider Sohn, Chons, der Mondgott. Ebenso ehrt sie den Hauptgott Thebens, Month, mit einem Tempel.

Mein Besuch in Karnak

Reise nach Abu Simbel in Ägypten, Afrika

Hallo, ich bin Abu Simbel,

Unlängst lebte ich im ägyptischen Teil Nubiens und damit viele Kilometer südwestlich von Assuan. Als dort der Stausee gebaut wurde, musste ich weichen und wurde Stein um Stein abtransportiert und auf einer Insel am Nassersee wieder aufgebaut. Ich wäre von den Wassermassen sonst überflutet worden. Heute sonne ich mich auf einer Felseninsel und beherberge neben den Statuen von Ramses II den Hathor-Tempel seiner Gemahlin Nefertari.

Wann hast Du das letzte Mal tief Luft geholt und gefühlt, Du bist wirklich eins mit dem Leben? Länger her? Dann wird es wohl Zeit, es wiederzubeleben. ;) Sonne im Herzen kommt nicht von ungefähr. Warum verbringst Du nicht einmal wieder mehr Zeit mit den Dingen, die Du liebst und die keinen tieferen Sinn machen, außer Dir vollen Herzens Freude zu machen? Ja, das Leben der Menschen ist voller Aufgaben und Pflichten, aber die habt Ihr Euch selbst kreiert. Wende Dich dem Licht zu. Tu etwas, das nur Spaß bringt. Malen, Basteln, Wandern...such Dir etwas aus und dann tu das Nächste auf Deiner Liste oder tu es häufiger, bis Du regelmäßig wieder durchatmest und fühlst, Du bist am Leben.

P.S.: Entstanden im 13 Jahrhundert vor Christus, ist der Tempel Abu Simbel eine wunderschöne Sehenswürdigkeit in Ägypten. Seit 1979 steht er auf der Liste des UNESCO-Weltkulturerbes. Nahe dem Sudan gelegen, symbolisierte er einst die südliche Grenze des Pharaonenreiches.

Mein Besuch in Abu Simbel

Reise nach Gizeh in Ägypten,
Afrika

Hallo, ich bin Gizeh.

Ich bin ein wunderschöner Ort am westlichen Rand des Niltals. Sicher kennst Du meine berühmten Pyramiden-Plateaus. Als ich 2600 v.Chr. geboren wurde, gab es noch eine liebevolle Einheit von Mensch und Natur. So bemühte man sich bei meinem Bau, in Harmonie mit den Schwingungen der Erde zu bauen. Nicht nur die Cheops-Pyramide ist wunderschön anzusehen, auch alle anderen Bauwerke bei mir sind eine Pracht. Komm doch mal vorbei. Ich kann Dir enorm viel Freude bei all Deinem Tun vermitteln.

Freude. Ich BIN Freude. So wie DU. Hast Du je darüber nachgedacht, dass das Leben Freude ist? Ja, es gibt manchmal Herausforderungen. Doch sind sie dazu da, überwunden zu werden, um noch mehr Freude zu haben am Leben zu sein. Hab Mut, mein Kind. Hab den Mut, Freude zuzulassen. Menschen denken oft, dass ein ernstes Verhalten ihnen mehr Sicherheit bietet. Aber das stimmt so nicht. Wenn du Spaß hast, am Leben zu sein und vergnügt bist, so hast Du viel mehr Energie für den Tag zur Verfügung. Also, sammle Deine Energie jeden Tag mit Freude an. Male, tanze, lache, tu Dinge, die Dir Freude schenken und Du kannst jeden Tag ganz viel Energie zur Verfügung haben, um glücklich zu sein. Und Lebensfreude hast Du auch noch. Für mich sieht das nach einem Gewinn auf ganzer Linie aus.

Liebe für Dich, Kind. Und wenn Dir noch etwas Freude fehlt, dann komm zu mir und wir setzen uns gemeinsam in den Wüstensand und warten darauf, dass sie vorbeikommt. ;) Und das wird sie.

P.S.: Als eines der ältesten erhaltenen Bauwerke der Menschheit, sind die Pyramiden von Gizeh ein wahrer Schatz der Menschen. Sie sind das einzige Erhaltene der Sieben Weltwunder der Antike und sind seit 1979 ein kostbares UNESCO-Weltkulturerbe.

Mein Besuch in Gizeh

Reise nach Philae in Ägypten,
Afrika

Hallo, ich bin der Isis-Tempel von Philae,

die geliebten Isis-Tempel der Insel Philae sind weltberühmt. Selbst im antiken Rom kannte man mich. Ich bringe stets Liebe und Mitgefühl unter die Menschen und tue das bereits seit über 2100 Jahren. Geboren wurde ich auf der Insel mit Namen Philae, nun lebe ich auf der Insel Agilkia. Ich wurde im Rahmen eines Stausee-Projekts von den Menschen weggebracht und auf einer höher gelegenen Insel wieder aufgebaut. Meine Insel war die größte der drei Nilinseln, südlich des ersten Katarakts. Das ist eine durch Stromschnellen gekennzeichnete Felsenbarriere im Nil. Die anderen beiden Inseln hießen Agilkia und Bigeh.

Willkommen. Du wundervolles Kind der Sonne und der Erde. Willkommen an einem Ort, der Dir mit offenen Armen alle Sorgen nimmt und Dich willkommen heißt inmitten der Liebe der Götter. Komm zu uns, setz Dich. Finde einen gemütlichen Platz an diesem Ort, der Dich im Herzen angenehm anspricht. Nun, erzähle uns Deine Sorgen. Erzähle uns, was Dein Herz unruhig macht und Deine Gedanken von der Freude abschweifen lässt. Sind es Sorgen über andere? Oder Kummer über eine Situation, die herausfordernd erscheint? Wir helfen Dir bei allem. Wir hören Dir zu. Schütte uns getrost Deine ganze Seele aus. Du darfst schimpfen oder wütend sein. Wir hören Dir und Deinem Kummer zu. Dann werden wir zärtlich Dein Herz beruhigen mit den Energien dieses himmlischen Ortes und Du wirst fühlen, wie mehr und mehr Ruhe in Dein Sein strömt.

Und danach helfen wir Dir zu einer Lösung, die Dir gut gefällt.
Gib uns bis zu drei Tage, um in Deinem Außen zu wirken. Wir
sind da. Wir haben Dich gehört. Dein Leid bleibt niemals
ungehört. Komm zu uns, liebe Seele, lass uns gemeinsam daran
wirken, Dich wieder von Herzen glücklich zu machen. Danke,
dass Du uns anhörst. In Liebe, Philae.

P.S.: Nachdem das Isis-Heiligtum von der Insel Philae abgetragen worden war, flutete man die Insel, die nun im Stausee nahe Assuan liegt. Isis, die Göttin der Liebe und der Fruchtbarkeit, suchte in ganz Ägypten nach dem Körper ihres Mannes Osiris, der von seinem Bruder Seth getötet und zerstückelt worden war. Auf der Insel Philae fand sie Osiris Herz. Dort wurde in Sichtweite der Insel Bigeh, eine der Inseln des Osirisgrabes, ein Isis-Tempel erbaut. So waren beide stets in Liebe vereint.

Mein Besuch in Philae

Reise zur Bibliothek in Alexandria

in Ägypten, Afrika

Hallo, ich bin die Bibliothek von Alexandria,

ich lebte einst in Ägypten. In Deiner heutigen Zeit, in der Du diese Zeilen liest, ist meine Bibliothek mittlerweile verschwunden. Es gibt Geschichten und Aufzeichnungen über mich in anderen literarischen Schriften, aber so genau weiß niemand, wo ich mich einmal befunden habe. Nur, dass es Ägypten war, das ist sicher.

Dass ich einst den Menschen diente mit Wissen aus den unterschiedlichsten Bereichen, daran besteht auch kein Zweifel.

Warum also solltest Du einen Ort aufsuchen wollen, der physisch nicht zu erreichen ist? Ganz einfach. Weil Wissen zeitlos ist. Und jede Frage in Deinem Herzen eine Antwort verdient.

Vor langem wurde ich erschaffen, eine Bibliothek den Menschen zu sein. Was anderes ist eine Bibliothek, als eine Sammlung von kostbarem Wissen. Das Wissen der Menschheit ist kostbar, denn es enthält Zeugnisse der Liebe. Liebe zum Leben und zu den Kreaturen, mit denen sie es teilen. Jedes Geschöpf verdient ein freies und gutes Leben, in dem es selbst und voller Liebe und Schutz über sein Schicksal bestimmen kann. Aber zu oft greift der Mensch in das Schicksal der Kleinsten, der Tiere und Pflanzen ein. Er bestimmt, welcher Baum stehen bleiben darf und welcher nicht. Er bestimmt, wie ein Tier lebt und leider auch, was ihm geschehen mag. Der Mensch ist nicht die Krone der Schöpfung. Er ist ihr Erbe. Das bedeutet, er ist es, der Gottes Schöpfung hüten und segnen soll, jeden Tag. Er ist dafür verantwortlich,was er tut.

Er sollte sich mehr Gedanken machen, welche Konsequenzen es hat, den Regenwald, die Lunge und das Kühlbecken der Erde, zu vernichten, als über unsinnige Papiere nachzusinnen. Ich verstehe Euer Leben sehr gut und Ihr habt mein vollstes Mitgefühl für die Welt, die Ihr Euch erschaffen habt. Aber es gibt ein Umkehren und es ist nötig. Die Ernährung der Menschen und Ihre Lebensweise mit der Erde muss sich ändern, ehe Eure Verletzungen für die Wesen dieser Erde zu tief sind, als dass Ihr sie noch so einfach reparieren könnt. Heilt, was Ihr jetzt schon heilen könnt. Segnet, was Euch im Leben begegnet, anstatt es vernichten zu wollen. Liebt, was Euch das Leben an Wesen in Eurer Nähe schenkt, sei es Pflanzen, mächtiger Baum oder kleine Tiere in Eurem Garten. Alles hat seine Berechtigung in Gottes Universum und Ihr seid seine Kinder.

Werdet wieder zu seinen Kindern auch im Tun und schenkt der Erde die Liebe, die Ihr alle in Eurem Herzen so tief versteckt hütet. Es ist Zeit, dass Ihr aufwacht und helft. Helft, die Erde wieder zu einem Ort der Menschen UND der Tiere und Pflanzen, der Naturwesen und der freien Elemente zu machen. Gebt den Wesen der Erde einen Platz in Eurem Leben und sie werden Euch zu neuem Leben führen. Habt Erbarmen mit den schwachen Wesen und beutet sie nicht mehr aus. Findet den Zugang zu Euren Herzen wieder und lehrt die Liebe, die Ihr Euch so ersehnt.

Mein Besuch in der Bibliothek von Alexandria

Reise in die Sahara in Afrika

Hallo, ich bin die Sahara,

mein warmer Körper umfasst über 9 Millionen km². Ich bin gesegnet mit vielen Steinwesen, die meinen Körper zieren und damit zur Steinwüste machen. Die Sandwüste, wie Du sie sicher kennst, macht den kleinsten Teil meines Körpers aus.

In erster Linie schmücken mich wunderschöne Steine, Felsen und auch Gebirge.

Ich streife mit meinem Körper den wilden Atlantik an der afrikanischen Küste und wandere durch Afrikas Norden zum Roten Meer.

Die einzige grüne Schönheit findest Du bei mir am Nil, der sich aus einem Regenwald kommend, durch meine Wüste schlängelt.

Vor langer Zeit lebte die Menschheit in einer Symbiose mit der Erde. Sie war mit der Erde in einer Verbindung, die durch gegenseitiges Vertrauen und Liebe gekennzeichnet war. Sie versorgte ihre Kinder und ihre Kinder liebten sie dafür heiß und innig. Diese Zeiten sind leider lange vorbei. Nun geht die Menschheit eigene Wege und das ist auch gut so. Doch sollte sie bei all der Freiheit die Erde als ihre Mutter nicht vergessen. Die Eltern sind immer ein Teil von einem, ob man sie mag oder nicht. Die Erde jedoch ist stets um Dich und mit Dir verbunden, ob Du Dir der Liebe Deiner Mutter bewusst bist oder nicht. Hab Vertrauen, dass die Erde immer für Dich da sein wird. Sie ist immer an Deiner Seite. Vielleicht möchtest Du Dich ihr wieder in Liebe und Vertrauen zuwenden und ihr wie einer Mutter, Deine Sorgen und Gedanken anvertrauen.

Sie wird Dir stets liebevoll zuhören und Dir ihre Boten als Antwort schicken, die Tiere und die Pflanzen, die Mineralien und die Elemente. Achte auf alles, was Dir nach Deinem Gespräch mit Mutter Erde in den darauf folgenden Tagen bewusst wird. Hab Vertrauen. Sie hört Dich immer.

Mein Besuch in der Sahara

Reise nach Südafrika, Afrika

Hallo, ich bin Südafrika,

bestimmt hast Du ein paar Bilder vor Deinen inneren Augen, wenn Du meinen Namen hörst.

Wußtest Du, dass ich an eine Wüste grenze, die Kalahari und gleichzeitig subtropische Wälder zu meinem wunderschönen Körper gehören?

Ich beherberge viele Menschen unterschiedlichster Ethnien, deshalb nennt man mich gern Regenbogenland. Und ich bin genauso Heimat der unterschiedlichsten Tiere, darunter Afrikas Bekannteste mit Löwe, Leopard, Elefant, Büffel und Nashorn.

Ich liebe es, so vielen Geschöpfen die gleiche Heimat zu sein, liebevoll, gebend und achtsam mit jedem noch so kleinen Leben umgehend.

Liebe die Erde in all ihren Facetten. In den großen Tieren und den kleinen, in den mächtigen Bäumen und den zarten Sträuchern, in den üppigen Pflanzen und den unscheinbaren am Wegesrand, in den kraftvollen Bergen und den kleinen Kieseln. Ehre die Erde, indem Du ihr Deine Liebe gibst, die so sehr darauf wartet, geteilt zu werden. Dein Herz möchte sich verströmen, möchte Liebe geben an alle Lebewesen, weil es weiß, dass alles eine Schöpfung ist. Ein Leben. Eine Welt. Und eine Familie. Gib der Erde Deine Liebe, zeige ihr Dein wahres Wesen, das reine Liebe ist. Und Du wirst erkennen, dass Du nicht getrennt bist von den Tieren, den Bäumen, den Pflanzen und den Bergen. Ihr seid eins. Eine Schöpfung der Liebe.

Mein Besuch in Südafrika

Reise nach Petra in Jordanien

Hallo, ich bin Petra,

ich bin eine seit dem 5.Jahrhundert v.Chr. mitten in der Wüste von Jordanien lebende Stadt. Ich war einst bedeutender Knotenpunkt vieler Karawanen aus Ägypten, Syrien und Arabien. Sie handelten mit Gewürzen, Seide und Weihrauch und mussten alle an mir vorbei.

Ich mochte diese Zeit sehr gern, denn so hatte ich mit den unterschiedlichsten Ländern und Sitten Kontakt. Das gefiel mir.

Auch heute noch mag ich die Touristen aus allen Ländern, die sich durch die enge, manchmal nur zwei Meter breite Schlucht zu mir zwängen oder die den schmalen Gebirgspfad zu mir wählen. Anders kann man mich nicht erreichen, denn ich bin versteckt hinter schroffen Felsen.

Sicher kennst Du meine berühmte Fassade des sogenannten "Schatzhaus des Pharao", eine in den Felsen gearbeitete Steinfassade von hohen Säulen und Rundtempel. Nur war das kein Schatzhaus, wie alle vermuteten, sondern ein Felsengrab.

Trotzdem solltest Du Dir meine Gebäude mal ansehen, denn als ehemalige Hauptstadt des Nabatäerreiches habe ich so einiges zu bieten. Ich freu mich auf Dich, wenn Du mich besuchen magst, denn wie Du ja weißt, liebe ich andere Länder und Menschen.

Meine Geschichte ist sehr alt und die Menschheit ist immer noch fasziniert von mir. Aber weißt Du, was am faszinierendsten ist? Die Fähigkeit der Menschen, alles zu erschaffen, was Ihr wollt. Ihr könnt ein Paradies auf Erden erschaffen, in dem alle Lebewesen frei, zufrieden und glücklich sind.

Was tust Du dafür, dass dieses Paradies zumindest in Deinem Leben Wirklichkeit wird? Hast Du ein Vogelbad im Garten oder fütterst Du die Vögel im Winter? Gibst Du Eidechsen und anderen Kleintieren einen kleinen Lebensraum in Deinem Garten, in dem Steine und wilde Pflanzen sein dürfen? Hast Du schon mal an den Tierschutz gespendet, ob Zeit oder Geld spielt keine Rolle. Jede noch so kleine, liebevolle Geste für die Natur und ihre Bewohner zählt. Sie zählt für diese Lebewesen alles. Die Eidechse freut sich über einen Lebensraum, den sie sonst nie mehr findet. Die Vögel danken Dir Dein Futter mit Gesang. Und die Bäume freuen sich, wenn Du sie nicht als lästige Schattenspender ansiehst, sondern als ganzes Universum an Lebewesen und Liebe.

Jedes Geschöpf auf dieser Erde ist wertvoll, nicht nur die von Menschen erschaffenen Gebäude und die von Menschen als wertvoll, weil selten, eingestuften Tiere und Pflanzen, sondern alle Geschöpfe sind kostbar und tragen ihren Teil zum großen Ganzen bei. Achte sie wieder mehr und mache Dir wieder mehr Gedanken, wie Du die Welt in ein kleines Paradies verwandeln kannst. Und die Welt bringt Dir dafür Freude und Glückseligkeit, Dein eigenes Paradies.

Mein Besuch in Petra

Reise zum Ölberg in Israel

Hallo, ich bin der Ölberg,

ich wohne in Jerusalem. Mein Name heißt in vielen Sprachen meist Olivenberg, weil so viele Olivenbäume einst bei mir waren. Heute zieren mich viele Kirchen und Glaubensstätten der großen Weltreligionen.

Ich sehe mich jedoch mehr als Freund aller Menschen, egal welchen Glauben oder Nichtglauben sie haben. Ich liebe den Frieden und die Ruhe. Vielleicht kann ich Dir bei Deinem Besuch bei mir etwas davon abgeben, wenn Du magst.

Vergebung. Das ist für Menschen manchmal ein etwas schweres Wort. Doch dieser Ort hier schwingt voller Vergebung. Komm an meine Hügel und erkenne, dass Dein Herz frei wird mit einer vergebenden Einstellung. Ein freies Herz kann wieder mehr lieben und in der Welt wieder mehr Schönheit entdecken.

Ich weiß, manche Dinge sind sehr schwer zu vergeben. Aber jeder einzelne Atemzug, in dem Du bereits Vergebung in Erwägung ziehst, heilt bereits Dein Herz. Also, mein Kind, vergib. Lass die Vergangenheit und die Anhaftung an den Schmerz los und mache Dein Herz wieder frei – zu lieben und sein wahres strahlendes Selbst zu sein. Dann können wir zusammen auf den Hängen sitzen und die Welt mit Frieden im Herzen genießen.

Mein Besuch auf dem Ölberg

Reise zum Mittelmeer

Hallo, ich bin das Mittelmeer,

ich verbinde Europa, Afrika und Asien miteinander und lasse sie teilhaben an all ihren Besonderheiten. Die Straße von Gibraltar verbindet mich mit dem Atlantik und so gelte ich als sein Nebenmeer.

Auf meinen 2,5 Millionen km² Wasser hüte ich viele Inseln und noch mehr Lebewesen unter Wasser. Hinreißende Delfine spielen in meinem Wasser, Haie schenken mir ihre liebevolle Aufmerksamkeit und halten meine Gewässer rein, Wale schwimmen vorbei. Ich bin stolz auf jedes einzelne Lebewesen und sehr glücklich, sie alle hüten zu dürfen.

Die wunderschönen Küsten, die ich berühre, bekommen von mir ihr himmlisch – meditarrenes Klima.

Sonne. Was die Menschen alles mit ihr assoziieren. Lebensfreude. Energie. Kraft, im Leben etwas zu gestalten. Aber warum denken die Menschen, dass nur die Sonne diese Kraft hat und nur sie sie ihnen verleiht? Diese Kraft steckt in Dir. Es ist schön, wenn Du die Sonne ehrst und ihr ein Lächeln und ein Dankeschön für all ihre Arbeit schenkst. Aber diese Feuerkraft, diese Energie steckt allein in Dir. Die Sonne weckt sie nur. Hab Vertrauen in Dein Inneres. Wenn Du einmal die Kraft der Sonne benötigst, denk doch liebevoll an sie und bitte sie um ihre Mithilfe. Bitte sie um etwas inspirierende Energie von ihr, die Deine Energie sicher wecken wird. Hab Vertrauen und Du wirst erkennen, alle Kraft ist bereits in Dir. Und, besuch mich doch mal. Ich würde mich freuen.

P.S.: Das Mittelmeer ist die am stärksten ausgebeutete Meeresregion der Welt. Zahlreiche Meerestiere sind dort bereits ausgestorben, die Überfischung verursacht große Probleme.

Obwohl es nur ein Prozent der Weltmeere ausmacht, befinden sich sieben Prozent des weltweiten Mikroplastiks im Mittelmeer.

Mein Besuch am Mittelmeer

Reise zum Olymp in Griechenland
in Europa

Hallo, ich bin der Olymp,

ich bin der Stolz Griechenlands und sein höchstes Gebirge. Mein höchster Berg, Mytikas, ist wunderschöne 2918m hoch.

Jeder kennt mich als Sitz der griechischen Götter. Doch wußtest Du, dass ich so seltene Tiere und Pflanzen beherberge, dass ich bereits seit 1938 unter Naturschutz stehe?
Mein Nationalpark hütet über 30 Orchideenarten, Enzian und Buchsbaum, bedrohte Tierarten wie Adler, Wildkatze und Rotfuchs.

Du kannst zu mir wandern, es gibt die unterschiedlichsten Wege hoch zum Olymp. Und über Deinen Besuch würde ich mich sehr freuen.

Seit 1981 stehe ich mit meinen Tieren und Pflanzenfreunden übrigens unter UNESCO-Biosphärenschutz. Das freut mich sehr, denn alles auf dieser Erde ist verbunden. Alles ist in ein Netz aus Liebe gewoben. Du kannst diese Verbindung fühlen, indem Du Orte auf der Welt in Bildern siehst, Orte, die Du noch nie bereist hast und sie berühren dennoch in einer Vertrautheit Dein Herz wie ein lieber Freund.

Du spürst diese Verbundenheit, wenn Dir eine menschliche Seele begegnet und Du sie sofort in ihrem wahren Licht siehst und in Dein Herz schließt. Du erkennst diese Verbindung der Seelen mit jedem Ort, jeder Pflanze, jedem Baum, jedem Tier, jedem Element und jedem Menschen, die Liebe in Dir auslösen, sobald Du sie siehst.

Diese Verbundenheit macht es den Menschen möglich, ihre Seele in all ihrer Schönheit erstmals wahrzunehmen. Denn was Du an anderen liebst, verehrst und zutiefst bewunderst, ist genauso in Dir. Du siehst die Seele eines anderen Lebewesens, ob natürlicher oder menschlicher Herkunft und diese Liebe ist ein Spiegel für die eigene Schönheit in Dir. Bereise mich, in Gedanken oder in der Realität, und wir werden Deine eigene Seelenschönheit gemeinsam freilegen. Sei gesegnet, mein Kind, in unendlich viel Liebe.

Mein Besuch beim Olymp

Reise zum Orakel von Delphi

in Griechenland, Europa

Hallo, ich bin das Orakel von Delphi,

ich lebe am Hang des Parnass, nahe der Stadt Delphi. Einst war ich der Nabel der Welt, nachdem Zeus von beiden Enden der Erde je einen Adler fliegen ließ und sie sich bei mir trafen.

Erst sandte Gaia ihre Botschaften an die Menschen über mein Orakel, dann übernahm es der Gott Apollo.

Die berühmte Inschrift "Erkenne Dich selbst" am Äußeren des Tempels, war meine Botschaft an alle Ratsuchenden, in ihrem Inneren nach der Antwort zu suchen.

Das Orakel von Delphi. Es weckt im Menschheitsgedächtnis wertvolle Erinnerungen. Erinnerungen an eine Zeit, als die Menschen noch die Götter um Rat fragten. Sie kamen zu uns und setzten sich auf die Stufen, warteten, bis das Göttliche eine Botschaft für sie hatte. Warum belebt ihr diese Tradition nicht wieder? Warum warten, bis man eine dringende Botschaft vom Himmel möchte. Kommt doch einfach zu uns. Setzt euch wie einst auf die Stufen vor dem Tempel und fragt den Himmel um Rat zu einer aktuellen Situation in eurem Leben. Von groß bis klein, wir sind gerne hier und leiten nicht nur eure Gebete leichter gen Himmel, sondern auch die Antworten zu euch zurück.

Ihr könnt von jedem Ort der Erde aus mit dem Himmel Kontakt aufnehmen. Aber hier geht es vielleicht etwas leichter. Kommt doch zu uns und wir bringen euch wieder in den Kontakt mit dem Himmel. Wie einst.

Mein Besuch beim Orakel von Delphi

Reise zum Athenetempel

in Griechenland, Europa

Hallo, ich bin das Parthenon, der Athene-Tempel,

ich lebe auf der Akropolis in Athen. Ursprünglich als Dank an die Göttin Athene gebaut, weil sie Griechenland im letzten Perserkrieg rettete, bin ich bis heute Wahrzeichen der Stadt Athen.

Seit meiner Fertigstellung 438 v.Chr. habe ich eine wechselvolle Geschichte hinter mir, aber ich war immer ein Ort der Frauen, ob Mutter Maria geweiht oder muslimischen Frauen.

Man hat mich stets mit dem Göttlich - Weiblichen verbunden, denn ich ehre das Leben in all seinen Formen auf der Erde.

Ehre. Was für ein schönes Wort, das die Menschen heute leider nicht mehr so gut verstehen. Weißt Du, was es bedeutet? Es bedeutet, nach seinem Herzen zu handeln. Es bedeutet, den Weg zu gehen, den das Herz Dir rät, was andere auch sagen mögen.

Wie sieht es mit der Ehre in Deinem Leben aus? Kannst Du Deinem Herzen folgen? Und weißt Du, welchen Rat es für Dich hat? Nein? Dann komm doch zu mir. Gemeinsam werden wir hier sitzen, die Sonne Griechenlands auf uns scheinen lassen und wenn Du tief in Deinem Herzen angekommen bist, all Deine Fragen beantworten.

Komm doch zu mir. Ich würde mich sehr freuen, Dir wieder mehr Ehre, mehr Herzensgefühl in Dein Leben zu bringen.

Denn die Stimme des Herzens leitet uns nie fehl. Sie ist die Stimme des Göttlichen, das seinen Rat direkt in Dein Herz erteilt. Und den Mut, dieser Stimme zu folgen, den findest Du auch hier. Also, worauf wartest Du noch, mein Kind, komm mich besuchen. Und lass uns Dein Leben auf Herzenswärme umgestalten. Ich liebe Dich.

Mein Besuch beim Athenetempel

Reise zu den Labyrinthen

auf der Welt

Hallo, wir sind das Labyrinth,

überall auf der Erde, ob in Stein und Fels wie auf Bolschoi Sajazki im Weißen Meer oder in den christlichen Kathedralen der Erde wie in Amiens oder Chartres, ja selbst in ägyptischen Totentempeln, findet man uns, das Labyrinth.

Unsere Aufgaben sind viele, doch die Menschen in ihre eigene Mitte, in ihren Herzensraum zu führen, ist eine unserer schönsten Aufgaben.

Wir sind Boten einer alten Zeit. Zu dieser Zeit lebten die Menschen noch im Einklang mit der Erde. Sie fragten sie um Rat, wenn es etwas gab, mit dem sie nicht weiterkamen.

Nun sind die Menschen leider davon abgerückt, die Erde, ihre Mutter, um Rat zu fragen. Dabei ist dies eine Tradition, die gerne wiederbelebt werden sollte. Versuche es doch einmal. Wenn du eine Frage hast, auf die Du eine weise Antwort suchst, so ziehe Dich in Deine Mutter Gaia zurück. Wende Dich einem Labyrinth zu und gehe den Weg ins Innere bewusst mit Deiner Frage im Herzen. Wende Dich ihr zu und Dein Weg wird Dir alle Antworten zukommen lassen.

Du wirst sehen, alles im Leben ist magisch und beseelt. Hab Vertrauen, mein Kind. Ein Labyrinth kennt die Antwort. Komm zu mir und wir entdecken sie gemeinsam, Schritt für Schritt. Ob ein Steinlabyrinth oder aus Pflanzen, ob auf dem Boden von Dir gelegt oder uralt, wir sind da. Für Dich, für Deinen Weg und für das Leben selbst.

Mein Besuch beim Labyrinth

Reise zum Zürichsee in der Schweiz,

Europa

Hallo, ich bin der Zürichsee,

die letzte Eiszeit schuf mein Tal und meine Wasser sind eine lebende Erinnerung an sie.

Ich bin ungefähr 90,1 km² groß und genieße es, den Menschen, Tieren und Pflanzen hier als Trinkwasserquelle zu dienen.

Lass Dich aber von meinem ruhigen Aussehen nicht täuschen, ich habe bis zu zwei Meter Tidenhub. Aber das tue ich nur, weil es SPASS macht. Willst Du eine Botschaft von mir?

Seid nicht so ernst.
Ja, ich weiß, das hört ihr von vielen. Aber ich habe euch dazu eine Geschichte zu erzählen.

Gott erschuf den Menschen nach seinem Ebenbild. Gott ist...was würdet ihr sagen? Freude? Liebe? Ganz sicher auch Humor. Frieden? Lachen? Nun, was sagt euch das? Ja, ihr seid das auch.

Genau wie Gott seid ihr Fröhlichkeit und Lachen, Frieden und Güte. Ihr lebt diese Eigenschaften einfach zu wenig, weil ihr nicht oft an sie denkt. Wie wäre ein kleiner Zettel im Alltag, auf dem Freude steht? Und euch damit an euren Plan, mehr Freude zuzulassen erinnert. Oder Liebe? Ihr habt die Wahl. Nur zerreißt den Zettel auf dem Ernst steht, mit dem ihr immer durch den Alltag geht. Denn den braucht ihr nun wirklich nicht mehr. ;)

Mein Besuch beim Zürichsee

Reise zum Berg Aggenstein

in Österreich, Europa

Hallo, ich bin der Aggenstein,

klein, aber fein bin ich mit 1986 m Höhe ein hübscher Berg an der Grenze zwischen Bayern und Österreich.

Vom Tannheimer Tal kann man mich am besten betrachten und wer meine grünen Hänge erklettern will, findet viele Wege nach oben. Sei Dir gewiss, die Aussicht ist grandios.

Frägst Du Dich, was ein "kleiner" Berg wie ich hier macht?

Jeder Ort dieser Erde ist voller Wunder. Ob er ein bekannter Ort ist, den die Menschheit achtet und seit Jahrhunderten liebt oder ein kleiner Ort, der nur DEIN Herz berührt.

Jeder dieser Plätze auf der Erde oder in den Ozeanen dieser Welt hat seine Kraft und wenn diese Kraft Dein Herz berührt, entsteht eine Verbindung über Raum und Zeit hinweg. Es ist dabei nicht wichtig, ob dieser Platz ein kleiner Wald ist, ein winziges Bergdorf oder ein schöner Fluss. Wenn er zu Deinem Herzen spricht, hat er eine Botschaft für Dich und ist mit Deiner Seele verbunden. Du kennst sicher einen solchen Ort. Besuche ihn einmal, in Gedanken oder in der Wirklichkeit und verbringe etwas Zeit bei ihm. Frage ihn um Rat oder nach einer Botschaft für Dich. Uns macht es viel Freude zu helfen.

Mein Besuch beim Aggenstein

Reise in die Alpen

Hallo, wir sind die Alpen,

wir sind das höchste Gebirge im Inneren Europas. Unsere Geburt fand vor mehr als 135 Millionen Jahren statt und verlangsamte sich ab 30 Millionen Jahren.

Wir wachsen aber immer noch. Wir lieben unsere zahlreichen Almpflanzen und unsere vielen lieben Tierarten. Komm doch mal vorbei und sieh sie Dir aus der Nähe an.

Wir sind uns sicher, die Entspannung ist bei uns nicht weit. Entspannung. Ja, die kommt im Leben mancher Menschen wirklich zu kurz. Dabei geht es gar nicht um die große Urlaubsentspannung. Am Strand liegen und lockerlassen vom Alltag.

Es geht um Körperentspannung jeden Tag. Was machst Du täglich, um Deinen Körper und seine Muskeln, Sehnen, Organe und Elemente zu entspannen? Nicht so viel? Sporttraining? Dein Körper wünscht sich aber sicherlich auch eine andere Form von Entspannung, bei der er mal nichts tun oder leisten muss. Denkst Du nicht auch?

Hier in den Alpen geht die Zeit etwas langsamer und das ist genau der Tipp. Lebe langsamer, sieh die Sonne am Tag bewußt wie sie Blätter, Deine Haut oder Dein Zimmer erleuchtet. Atme tief die frische Luft ein und entspanne Deinen Körper dabei.
Sieh die Farben auf Deinem Weg nachhause. Freu Dich an Deiner Familie. Du hast so viele Gründe, etwas langsamer und bewußter zu leben und dabei wirklich das Leben und Deinen Körper neu zu entdecken.

Mach mal keinen Ausdauersport und geh einfach nur Wandern. Koch mit allen Sinnen. Genieße Dein Essen. Lebe und dabei entspannt sich Dein Körper zusehends von allein. Und ansonsten, kommst Du einfach zu uns und legst Dich auf eine Almwiese. Mehr gibt's dann nicht zu tun. Servus!

Mein Besuch in den Alpen

Reise zum Bodensee in
Deutschland, der Schweiz und Österreich,

Europa

Hallo, ich bin der Bodensee,

mit meinem Wasser verbinde ich Deutschland, Österreich und die Schweiz miteinander. Und obwohl ich für meine schnellen Wetterwechsel bekannt bin, genieße ich nichts mehr als Ruhe und die Vereinigung vieler unterschiedlicher Dinge zu einem großen Ganzen.

Wo viele Dinge zusammenfließen, da entsteht etwas Neues. Hier bei mir findest Du Unterstützung, wenn Du etwas mit Dir verbinden möchtest, das Dir neu ist. Eine neue Idee, eine Herausforderung, einen anderen Menschen. Ich zeige Dir, wie Verbindung in Ehre und Liebe möglich ist. So dass alle davon profitieren. Meine Energie ist die der Nähe. Komm zu mir.

Setz Dich an mein Ufer und wir plaudern ein bißchen über Nähe zu Gott, dem Licht und der Welt. ;) Ich freue mich auf Deinen Besuch, denn Nähe bringt immer zueinander. Alles Liebe für Dich, Dein Bodensee.

Mein Besuch beim Bodensee

Reise in den Deutschen Wald,

Europa

Hallo, ich bin der Deutsche Wald,

vor vielen Jahrhunderten umfasste meine Welt ganz Deutschland. Ich war die Mutter, unter deren Schutz alle Geschöpfe aufwuchsen. Ich war Rückzugsort für viele und gab ihnen allen Nahrung und Liebe. Viele der Lebewesen hier fühlen wieder eine tiefe Verbundenheit zu ihrer Vergangenheit, die in Harmonie und Ehrerbietung mit dem Wald lebte. Die Achtung vor jedem Baum war einst Teil dieser Welt und kehrt nun langsam wieder in das Bewußtsein der Menschen zurück.

Ich bin zwar oft übersehen, weil ich mal hier, mal da einen kleinen Wald darstelle, aber in Wahrheit, sind wir alle eins. Ein Wald, ein Waldwesen, das diesem Land angehört.

Ich bin also viele und meine Sicht der Dinge ist ebenso vielfältig. Wie vielfältig ist Deine Sicht des Lebens? Hast Du einen Bereich in Dir, den Du immer nur auf die gleiche Art und Weise siehst? Immer nur mit den gleichen Gefühlen bedenkst?

Wenn es Dir Freude macht und Du zufrieden bist, hast Du den für Dich richtigen Weg gefunden. Aber, wenn Du gern eine andere Sicht hättest oder etwas gar nicht mehr möchtest, so komm zu mir.

Such Dir einen Wald in Deiner Nähe und besuche ihn. Wir sind schließlich eine große Familie und somit hast Du Kontakt zum ganzen Wald in Deutschland. Frag mich um Rat. Schildere mir Deine Situation, auch in Gedanken genügt, und dann fühle in Dein Herz.

Ich werde meine Antwort in Dein Herz geben und Dir eine neue Sicht auf Dein Leben geben. Komm zu mir, meine Freundin, mein Freund, und wir werden Dein Leben freier und lebendiger machen. Jeder Wald ist Dein Freund. Bitte, behandle ihn auch so. Ein Lächeln im Vorbeigehen genügt uns schon und ein Danke freut uns besonders.

P.S.: Leider ist heute nur noch ein Drittel Deutschlands von Wald bedeckt. Trotz bemühter Nachhaltigkeit wird weiter uralter Baumbestand genommen. Mit jedem Baum, der gehen muss, verliert dieses Land ein Stück mehr grünes Herz. Also, bitte schütze die Bäume statt sie zu verletzen.

Mein Besuch im Deutschen Wald

Reise ins Riesengebirge,

in Deutschland, Europa

Hallo, ich bin das Riesengebirge,

ich bin ein riesiges Gebirge in Tschechien und Schlesien. Meine wunderschöne Landschaft behütet viele Tiere und Pflanzen, die hier oben bei mir ungestört leben können. Ich genieße die Natur und die Abgeschiedenheit. Meine Arme laufen weit und in meinem Herzen entspringt die Quelle der Elbe in 1400 m Höhe. Was meinst Du, was sie alles sieht, auf ihrem Weg zu ihrem Ziel?

Mein Hüter ist übrigens der liebevolle Berggeist "Herr der Berge".
Viele Geschichten gibt es über mich und ich muss sagen, sie sind alle wahr. ;)

Welche Geschichte ist Dein Leben? Ist es eine Geschichte, die Dir gefällt? Magst Du die Hauptdarsteller oder würdest Du lieber etwas ändern wollen? Dann mach das doch. Du kannst Dein Leben jederzeit neu gestalten.

Dazu musst Du Dir einfach Zeit nehmen, um Dein Leben einmal in Ruhe zu betrachten. Von hier oben bei mir hast Du einen guten Überblick über jede Situation. Komm doch zu mir und wir setzen uns zusammen, um Dein Leben mehr in Einklang mit Dir zu gestalten. Ich zeige Dir Lösungen und Ideen und Du erkennst immer mehr, wie Du Dir Dein Leben wünschst. Zusammen schaffen wir Dir ein Traumleben, das jede schöne Geschichte wert ist.

P.S.: Das höchste Gebirge Tschechiens an der Grenze zu Schlesien ist ein wunderschönes Biosphärenreservat und steht damit unter dem Schutz der UNESCO. Die Schneekoppe als höchster Berg überragt mit ihren 1602 m die grüne Landschaft und kann von dort oben eiszeitliche Gletscher, klare Bergseen und viele Wälder betrachten.

Mein Besuch beim Riesengebirge

Reise zum Kobelwald,

in Deutschland, Europa

Hallo, ich bin der Kobelwald,

ich bin ein kleiner Wald ganz im Süden Deutschlands. Ich hüte neben wundervollen Tieren und Jahrhunderte alten Bäumen auch eine Wallfahrtskirche namens St.Maria de Loreto.

Meine Aufgabe mag klein erscheinen verglichen mit all den großen Aufgaben aller Orte dieser Welt, aber mein Herz ist groß. Ich bin ein Wald, der vielen Wesen ein liebevolles Zuhause schenkt. Meine Botschaft an Euch lautet: Seid Euer wahres Selbst.

Was Ihr auch tun oder sein wollt, könnt Ihr sein. Glaubt an Euch. Glaubt an Eure Träume. Denn Ihr habt diese Träume, weil sie Eure sind, nur Euch gehören.

Ihr seid ein wunderschöner Gedanke des Schöpfers. So wie ich, ist Euer Leben einzigartig und wunderschön. Wenn Ihr meinen Rat wollt, von Freund zu Freund, so kommt mich doch in Gedanken besuchen und stellt mir getrost Eure Fragen. Ich bin immer gern Euer Freund. Über ein herzliches Gebet für mein Wohl, würde ich mich als Dankeschön freuen. Seid gesegnet.

Mein Besuch im Kobelwald

Reise zur Tatra, Europa

Hallo, ich bin die Tatra,

ich bin ein Gebirgsteil der wilden Karpaten und ziehe meine weiten Kreise von der Slowakei nach Polen. Ich bin mit meinen Bergen und meiner rauen Umgebung die kältesten Gebirge in der Slowakei. Meine rund 200 Gletscherseen und vielen Wälder sind allerdings ein wahres Refugium für Tiere wie Wildkatze, Luchs, Wolf und Braunbär.

Wenn Du Deinem eigenen Weg folgst, kannst Du nicht fehl gehen. Wenn Du anderen folgst, findest Du nur, was andere schon gefunden haben.

Ich bin ein großes Gebirge und wie alle Steinwesen, habe ich schon viel gesehen. Aber was mir immer wieder auffällt ist, dass Menschen ihrem Weg viel zu wenig folgen. Dabei habt ihr alle eine so schöne Seele und ein so schönes Wesen, das danach strebt, gesehen zu werden. Du hast so viel Schönheit in Dir, geliebtes Wesen. Lebe diese Schönheit.

Sicher gibt es etwas, was Dein Herz sich ersehnt und Du möchtest es so gerne leben. Dann komm doch zu mir. Such Dir einen schönen Platz in meiner Bergwelt und wir werden gemeinsam nach vielen bunten Wegen suchen, wie Du Dein ersehntes Ziel erreichen kannst. Hab Vertrauen in Dich und in das Leben, das sich nichts sehnlicher wünscht, als dass alle Seelen ihr Licht endlich strahlen lassen.

Denn dann freut sich das Leben so sehr, dass Du Deinen eigenen Weg gehst und als Licht den Weg für weitere Seelen erhellst.

P.S.: Der höchste Berg der Tatra ist die Gerlsdorfer Spitze mit 2654,4 m.

Mein Besuch in der Tatra

Reise zu den Karpaten, Europa

Hallo, ich bin die Karpaten,

ich bin ein wunderschönes Gebirge in Europa. Auf einer Länge von 1300 km gleite ich in einem Bogen vom Wiener Becken durch viele Länder hindurch bis nach Zerntralserbien. Mein höchstes Massiv ist die Hohe Tatra. Besonders Rumänien, Ungarn, Polen und die Slowakei haben Teil an meiner wilden Schönheit.

Zusätzlich hüte ich wilde Wälder und wunderschöne geheime Orte der Natur.

Wir sind ein Wald und ein Gebirge mit viel Geschichte, einer Geschichte der Liebe. Wenn Du uns besuchen möchtest, so suche Dir einen ruhigen Ort in Gedanken aus und dann lass unsere tiefe Weisheit und Ruhe einfach auf Dich wirken.

Wir kommen von weit her, den Sternen. So wie Du. Ich weiß, dass Menschen dieses Wissen ob ihrer Vergangenheit nicht immer gleich in ihren Herzen wiederfinden. Aber ihr seid Wesen des Himmels, Wesen voller Liebe, die die Erde erfahren und segnen möchten mit ihrer Anwesenheit. Warum macht ihr Euch das Leben denn so schwer und erschafft Euch immer wieder Kummer und Leid. Kommt zu uns in den Wald, in die Berge und vergesst all Eure Sorgen. Seid einfach da. Auch in jedem anderen Wald in der Nähe, der Euer Herz berührt, habt Ihr einen Verbündeten und Freund. Gebt ihm die Erlaubnis, Euch mit Liebe zu heilen und er wird es gern tun. Vergesst nicht unsere Botschaft an Euch – Ihr seid Wesen der Liebe. Je mehr Ihr diese Liebe lebt, desto einfacher wird Euer Leben sein.

Habt Vertrauen in den Weg des Himmels und ehrt Eure Liebe, indem Ihr nur noch Dinge tut, die Eurem Herzen entsprechen. Fangt im Kleinen an, wirkt aufs Große hinaus.

Mein Besuch in den Karpaten

Reise in die Puszta,

größtenteils in Ungarn, Europa

Hallo, ich bin die Puszta,

meine wilde Steppe durchzieht Ungarn, die südwestliche Slowakei und das Burgenland. Als westlichster Ausläufer der Eurasischen Steppe wandere ich durch die Karpaten und den Ural bis in die Mongolei.

Vor über 35000 Jahren war ich eine Waldsteppe, doch mit zunehmendem Einfluss der Menschen wurde ich zur Graslandschaft.

In mir findest Du Stille, Weite und Deinen ureigenen Ton. Alles hat einen Ton, einen stillen Klang. Der Klang der Liebe ist etwas unnachahmlich Schönes. Der Klang reiner Natur erfrischt die Seele und weckt die Lebensgeister.

Der Klang der Stille, inmitten meiner Weite, ist reinigend und klärend. Was möchtest Du in Deinem Leben besser verstehen? Was suchst Du? Komm zu mir und setz Dich in meine unendliche Weite. Finde meinen Klang in Dir und Du wirst Deinen eigenen Weg immer deutlicher vernehmen.

Komm zu mir. Lass den Alltag hinter Dir. Setz Dich. Werde ruhig. Höre mir zu und Du findest mit mir Deine eigene Stimme wieder.

Mein Besuch in der Puszta

Reise in das Gebirge Osteuropas

Hallo, ich bin das Gebirge Osteuropas,

ich bin ein Teil der Julischen Alpen und kaum einer kennt meinen Namen. Da ich nun vielen Ländern ein Freund bin, habe ich auch etwas zu erzählen, was viele Freunde betrifft.

Als ich erschaffen wurde, war die Welt noch sehr jung. Jetzt hat sie sich unter den Händen der Menschheit viel verändert. Ich bin immer offen für Veränderung, aber wenn sie auf Kosten von anderen Wesen geht, ist sie nicht gut. Bedenke, dass Deine Handlungen Konsequenzen haben. Dies ist keine Lektion und kein Leviten lesen. Aber es ist ein Hinweis darauf, dass alles im Leben Dir wiedergegeben wird.

Handelst Du im Einklang mit Deinem Herzen und fühlst Du Dich nach Deinen Taten leicht und frei, dann bekommst Du ebenso viel Liebe und Freiheit zurück. Handelst Du nach Deinem Ego, und ja, auch Angst ist Dein Ego, dann wirst Du mehr Angst und mehr von dem, was Du gegeben hast, in Deinem Leben wiederfinden. Es sind die Gesetze des Lebens. Was Du schenkst, erhältst Du zurück. Also, bedenke Deine Handlungen nicht mehr mit dem Verstand. Gehe in Dein Herz und höre, was es Dir ehrlich zu sagen hat. Denn es kennt den Weg, der im Einklang mit Deiner Seele ist. Höre auf Dein Herz und dann handle danach. Nicht mehr nach dem Verstand handeln. Das tut nicht gut. Und es ehrt weit weniger Wesen, als es ehren könnte, Dich eingeschlossen.

Mein Besuch beim Gebirge in Osteuropa

Reise zu Glastonbury Tor

in England, Europa

Hallo, ich bin Glastonbury Tor,

was heißt Tor? Das ist keltisch und bedeutet "konischer Hügel".
Ich bin ein 158m hoher, wunderschöner grüner Hügel in
England.
Meine terrassenförmigen Stufen führen Dich Schritt für Schritt
zu dem Ort, den alle sehen wollen: Dem Turm der ehemaligen
Kirche St.Michael's, der auf meinem Gipfel steht.

Er ist der Durchgang zum berühmten Avalon.

Wenn Dir das zu mystisch ist, möchte ich Dir folgende
Botschaft schenken.

Hallo an euch alle, seid gegrüßt in Liebe. Ich bin ein Ort voller Liebe und Freude, ein Ort der Besinnung auf sich selbst und den eigenen Lebensweg. Wenn Du mich besuchen willst, so nimm etwas Zeit mit, denn meine Lehren wirken im Herzen weiter. Und mit jedem Moment der Ruhe, können meine Lehren weiterwirken.

Ich bin Deine Liebe zum Guten, zum Schönen und zum Edlen in allen Menschen. Ich bringe Dir dieselben Qualitäten. Du ersehnst eine Zeit des Wandels, des Friedens und diese Zeit der Liebe ist bereits angebrochen. Ich bin immer auf Deiner Seite. Wenn die Welt Dich mit ihrer etwas raueren Seite bedenkt, dann komm doch einfach auf einen kleinen Besuch bei mir vorbei.

Setz Dich oben auf meinen grünen Hügel und blicke Dich um.
Ich bringe Dich wieder in Verbindung mit Deiner zarten Seite
und der liebevollen Seite der Welt. Komm zu mir und wir sind
gemeinsam in der Einheit der Liebe. Ich ehre dich, mein Kind,
dein Weg ist ein Weg des Friedens und der Liebe. Das ist die
größte Macht auf Erden. Segen sei mit dir, liebe Seele.

Mein Besuch bei Glastonbury Tor

Reise zu Stonehenge

in England, Europa

Hallo, ich bin Stonehenge,

in der Jungsteinzeit geboren, bin ich seit tausenden von Jahren an der Seite der Menschen. Ich feiere mit ihnen ihre Erdfeste in den runden Armen meiner Steinkreise.

Ich erlebe mit ihnen Jahr um Jahr neue Sichtweisen und ziehe weite Kreise, weit über England hinaus.

Ich umarme das Leben in all seinen Facetten und versuche jeder Seele, die mich besucht, das Gleiche zu schenken.

Ich bin ein Tanz der Elemente im Jahreslauf. Heute, in dieser schnellen Zeit, haben Menschen kaum noch "Zeit" zu tanzen. Wie wäre es, wenn Du diese Tradition auf Deine eigene Art wiederbelebst? Du kannst im Jahresverlauf jeweils ein Tänzchen wagen, das die jeweilige Jahreszeit ausdrückt. Du kannst die Elemente tanzen. Ja, das geht. Du kannst eine Gruppe einladen und ihr findet gemeinsam ein kleines Ritual, das die Jahreszeit in Liebe ehrt. Das wäre so wundervoll für die Erde, wenn ihre Kinder – ihr Menschen – wieder mehr mit ihr in Einklang leben würdet. Versuche es doch einmal und Du wirst feststellen, dass Dein Leben viel harmonischer wird. Ich hab Dich lieb und freue mich auf Deinen Tanz. ;)

Mein Besuch bei Stonehenge

Reise zur Irischen See

Hallo, ich bin die Irische See,

ich verbinde Großbritannien mit meinem geliebten Irland.
Auf 46 000 km² schenke ich diesen beiden Inseln die Möglichkeit, sich auszutauschen und immer neu kennenzulernen.

Mein Mutterozean ist der Atlantik und ich bin stolz darauf, mit ihr verbunden zu sein. Und obwohl ich nur 52 m tief bin, so kann ich doch eines der rauesten Gewässer der Erde sein.

Rough times? Wenn das Leben Dir einmal zuviel mitspielt, warum kommst Du dann nicht zu mir? Setz Dich auf eine der zahlreichen Klippen hier und sieh mir zu, wie ich mich in den Wellen spiegle. Ich gehe mit ihnen mit. Ich erhebe mich mit ihnen und ich lasse los mit ihnen. Wenn Dein Leben zu viel von etwas enthält, was Du nicht magst, so wirf es mir in die Wellen. Symbolisch bitte nur. ;) Gib es mir und ich verwandle es in Segen in Deinem Leben. Ja, das geht. Du kannst aus etwas Leidvollem, Segen machen. Wie das geht? Lerne, zu lieben, was das Leben Dir gibt. Oft leisten Menschen unbewusst viel Widerstand gegen Entwicklungen im Leben, die mit etwas reibender Energie daherkommen.

Dabei sind raue Wellen nur kurz. Und wenn die See danach wieder ruhig ist, ist das Leben um eine schöne oder zumindest lehrende Erfahrung reicher. Ahoi.

Mein Besuch bei der Irischen See

Reise nach Island, Europa

Hallo, ich bin Island,

mein Name bedeutet "Eisland" und tatsächlich ist ein großer Teil meines Landes von Eis bedeckt, zumindest im Winter. ;)

Auf meinen 103 000 km² Fläche findest Du alles, was das wilde Herz begehrt – Vulkane, wilde Flüsse und tosende Wasserfälle. Mein Land ist ein Land aus Feuer und Eis.

Ich bin der zweitgrößte Inselstaat Europas und meine Hauptinsel ist die größte Vulkaninsel der Erde. Unter mir befinden sich die Nordamerikanische Platte und die Eurasische Platte, die jährlich 2cm auseinander driften.

Aber ein wunderschöner Vulkanismus unter mir im Erdinneren schiebt geschmolzenes Gestein beständig nach und so vergrößere ich mich stetig.

Zusätzlich zu meinen Vulkanen, lebt auf mir der Gletscher mit dem größten Eisvolumen Europas, sein Name ist Vatnajökull. Er ist einer der Boten tiefen Friedens bei mir.

Frieden. Auf der Erde gibt es noch zu wenig Frieden. Weißt Du, wie Du ihn erhöhen kannst? Sei in Frieden mit Deinem Leben. Sei in Frieden mit dem, was Dir am Tag begegnet. Sei in Frieden in Dir und nutze Deine kostbare Energie für Schönes. Es gibt eigentlich keinen Grund, um sich aufzuregen.

Es verändert nicht viel, außer mehr von den Energien zu erzielen, die Du nicht möchtest.

Es vergeudet kostbare Lebensenergie und es bringt keine Freude. Wir wissen Freude und Frieden sehr zu schätzen, denn meistens kommen sie zusammen vor. Wir leben im Einklang mit allem was ist und wir finden Frieden in uns, indem wir Zeit in der Natur verbringen. Komm doch auch. Komm zu uns und setz Dich an einen schönen Ort, der Dir gut gefällt. Lächle über Deine Situation, so Du das schon kannst. Wenn nicht, so sitze einfach hier und wir geben Dir Frieden von uns ab. Hab Frieden, mein Schatz. So kommst Du weiter im Leben. Und hast mehr Freude.

Mein Besuch in Island

Reise zu Gletschern und Fjorden,

überall auf der Welt

Hallo, wir sind die Gletscher und Fjorde überall auf der Welt,

ein Gletscher ist eine sich eigenständig bewegende, aus Schnee hervorgegangene Eismasse. Wir sind verantwortlich für den Wasserzufluss vieler Flüsse und Seen weltweit und wir hüten das Klima der Erde.

In unserem Körper speichern wir 70% des Süßwassers der Erde. Ist das nicht toll!
Damit sind wir nach den Ozeanen die größten Wasserspeicher der Welt.

Wir formen mit unserer Bewegung Täler, wie einst in den Alpen Europas oder der Sierra Nevada in Nordamerika.

Dank unserer wunderschönen Eismasse, werfen wir die Sonneneinstrahlung bis zu 90% zurück in die Biosphäre, so dass die damit verbundene Wärme ebenfalls nicht auf der Erde Fuß fassen kann und damit kühlen wir den Planeten ab.

Würden unsere Eismassen schmelzen, würde der Meeresspiegel dramatisch ansteigen. Von der Antarktis und Grönland bis nach Argentinien und Chile, sind unsere Gletscher von der Klimaerwärmung bedroht und schmelzen rapide.

Hallo, wir sind die Fjorde,

ein Fjord ist durch einen in Richtung Meer wandernden Gletscher entstandener Meeresarm, weit im Landesinneren.
Wir sind also durch Eis entstanden und enthalten nun dessen Schmelzwasser. Von Norwegen, Island, Grönland bis Neuseeland sind wir überall auf der Welt zuhause.

Ob Fjord oder Gletscher, aus Eis entstehen und leben wir beide.

Liebe Menschen, wir leben hoch oben in den Bergen, aber wir sehen viel von Euch und Eurem Tun. Nicht nur, wenn Ihr uns besuchen kommt. Habt doch ein wenig mehr Vertrauen in das Leben. Viele von Euch kommen mit so schweren Sorgen bepackt hoch zu uns, da ist es ein Wunder, dass sie auch noch einen Rucksack schleppen können.;) Wir wollen Euch ermutigen, mutiger zu sein.

Lebt Euer Leben, so wie Ihr wollt. Ohne Euch an anderen auszurichten. Ja, es ist möglich. Wir leben es Euch vor. Wir leben hier oben in luftiger Höhe und sind eins mit der Welt. Leider wird unsere Welt immer kleiner, aber Ihr werdet einen Weg finden, sie zu bewahren. Wir leben in den Tag hinein, eins mit Gott. Das könnt Ihr auch.

Was würdet Ihr heute tun, wenn Ihr wüßtet, Euer Leben ist gesegnet von einer höheren Macht und behütet und beschützt? Was würdet Ihr lassen oder neu anfagen? Was würdet Ihr tun, wenn Ihr heute nur an Euch und Euer Wohlbefinden denken dürftet? Was wäre Euer Herzenswunsch, wie sollte Euer Leben dann aussehen? Das ist es, was Ihr heute tun solltet. Nichts anderes. Kein anderer zählt. Niemand. Ihr seid gesegnet und beschützt. Habt Vertrauen. Wir lieben Euch. Aloha.

Mein Besuch bei den Gletschern

Mein Besuch bei den Fjorden

Reise zu den Pyrenäen, Europa

Hallo, ich bin die Pyrenäen,

Hallo, mein Schatz. Ich bin ein Gebirge von 430 km Länge. Zwischen der Iberischen Halbinsel und Europa, da lebe ich. Vom kühlen Atlantik in Frankreich bis ins warme Mittelmeer bei Spanien reicht meine Welt.

Als ich vor 100 Millionen Jahren entstand, sah es hier noch etwas anders aus. Doch meine geliebten Mischwälder, mit vielen wilden Tieren wie Bären und über 4500 Pflanzenarten, liebe ich sehr. Deshalb segne ich sie so gern.

Segen ist etwas Wundervolles. Menschen benutzen ihre Kraft des Segnens viel zu wenig.

Hast Du schon einmal Dein Essen gesegnet und bemerkt, um wieviel besser es Dir schmeckt? Oder das Wasser, das Du trinkst gesegnet und erlebt wie es frischer und klarer schmeckt? Nein? Vielleicht willst Du es gleich einmal ausprobieren. Segne alles, was Du zu Dir nimmst und Du erhöhst den Segen in Deinem Inneren um ein Vielfaches. Segne, was Du tust, damit es zum Wohle aller gereicht und Du wirst reich ernten.

Liebe wird sich in Deinem Leben auf vielfälige Art und Weise zeigen und Du wirst Dich fragen, wie Du so lange ohne Segnen sein konntest. ;) Probiere es aus und wenn Du fertig gesegnet hast, komm zu mir und wir segnen gemeinsam Dein Leben und alle Lebewesen der Welt.

P.S.: Die starke Klimaerwärmung hat für einen deutlichen Rückgang der Gletscher dort gesorgt. Von den zahlreichen Pflanzen, die auf den Pyrenäen leben, sind über 1500 davon endemisch.

Mein Besuch bei den Pyrenäen

Reise zu den Roten Felsen der Bretagne,

in Frankreich, Europa

Hallo, wir sind die Roten Felsen der Bretagne,

vor 300 Millionen Jahren wurden wir im Erdinneren geboren
und sind mit der Zeit immer mehr nach außen getreten.
In Französisch nennt man uns "Côte de Granit Rose".

Unser rötlicher Granit ist geprägt von Hämatit und
Alkalifeldspat und strahlt an der Küste der Bretagne ins Meer
hinaus.

Besuch uns doch mal, denn wir sind glücklich, immer neue
Menschen kennenzulernen. Und wer weiß, vielleicht teilen wir
neben der Vorliebe fürs Meer, für Felsen und die wilde raue
Küste, auch die Liebe zum Lachen.

Lachen gibt es viel zu selten auf der Welt. Die Menschen sehen die Dinge gerne ernst, weil sie meinen, dass es ihnen mehr Kontrolle über die Dinge verleiht oder sie dadurch mehr Abstand zu anderen haben.

Dabei ist es viel einfacher, die Welt mit einem Lachen zu sehen. Ja, manchmal fällt einem das Lachen sichtlich schwer. Aber es ist in jeder Situation möglich, Gott und die Engel um Hilfe zu bitten. Auch um Hilfe dabei, die Dinge lockerer zu sehen.

Ich sehe das Leben gern von der fröhlichen Seite und wenn es Dir ebenso geht oder Du das von mir lernen möchtest, dann komm doch zu mir.

Setz Dich auf meine Klippen und wir sehen gemeinsam dem Meer zu. Wenn Du dann entspannt bist und Dein Lächeln wiedergefunden hast, kannst du Deine Situation, die so viel Ernsthaftigkeit zu erfordern scheint, mir ja mal schildern. Wer weiß, vielleicht eröffnet sich dir ein ganz neuer, leichter Blickwinkel. Komme zu mir. Ich freu mich schon auf Dich.

Mein Besuch bei den Roten Felsen

Reise zum Baikalsee in Russland

Hallo, ich bin der Baikalsee,

ich lebe und atme im schönen Sibirien und da ich vor lange zurückliegenden 25 Millionen Jahren geboren wurde, bin ich der älteste Süßwassersee der Erde.

Mit meinen 1642m Tiefe bin ich auch der tiefste See der Welt und ebenso der wasserreichste. Meine Flüsse münden ins Polarmeer und so verbindet mich viel mit diesem fragilen Lebensbereich der Erde.

Würde man alle fünf Großen Seen von Nordamerika zusammennehmen (Eriesee, Huronsee, Michigansee, Oberer See, Ontariosee), so hätten sie *fast* so viel Süßwasser wie ich allein. Ich hüte ein Fünftel des gesamten Süßwassers der Welt. Meine nordamerikanischen Seen-Freunde hüten das zweite Fünftel.

Doch obwohl ich so viel für das Leben auf Erden tue, sehe ich die Welt mit Liebe und viel Humor. Also, beantworte mir bitte eine Frage.

Seit wann sind Menschen so ernst? Wenn ihr sehen könntet, mit wieviel Liebe ihr vom Himmel bedacht werdet, so würde eure Ernsthaftigkeit im Nu verschwinden.

Ich bin schon so lange hier und eins kann ich Dir mit Sicherheit sagen: Ernsthaftigkeit hat noch nie Freude gemacht oder etwas Spontanes und Gutes voller Spaß bewirkt. Warum also so viele ernste Gesichter? Ich habe einen Vorschlag an Dich. Fühle mich in Deiner Seele. Sieh Dir Bilder von mir im Internet an.

Erkenne mein Leuchten, denn dasselbe Leuchten ist auch in Dir. Du strahlst, weil Du von Licht bist. Das sind wir alle. Wenn Du Dich in Deinem Leben etwas eingeengt fühlst oder in einer Rolle wiederfindest, die nicht die Deine ist, so suche mich in Gedanken auf.

Setz Dich an mein Ufer und lass uns darüber reden. Oder blick einfach nur auf meine Wasseroberfläche hinaus und Du wirst Deine Antwort finden. Und vertraue mir – sie ist nicht ernst. ;)

Mein Besuch am Baikalsee

Reise nach Sibirien in Russland

Hallo, ich bin Sibirien,

ich umfasse drei Viertel des russischen Landes mit meiner vielfältigen Schönheit und dehne mich über 13,1 Millionen km² aus. Ich berühre das Polarmeer, den Ural, die Mongolei, China, Kasachstan und ... den Pazifik. Hättest Du das gedacht?

Meine Sommer können Dir mit 40 °C den Schweiß auf die Stirn treiben, doch meine Winter haben es mit -72°C in sich.

Ich lebe bis zu neun Monate unter einer Schneedecke und meine Freunde, die Tundra, die die kostbaren Permafrostböden hütet und die Taiga, mein Waldfreund, sind immer darauf bedacht, den Tieren Wärme und Schutz zu gewähren.

Der größte zusammenhängende Waldkomplex der Erde ist mit 1,4 Milliarden Hektar der boreale Nadelwald (Taiga). Er lebt nur auf der Nordhalbkugel der Erde, größtenteils bei mir in Sibirien, im Norden Europas und auf dem nordamerikanischen Kontinent. In ihm leben nur vier Baumarten – Fichten, Kiefern, Tannen und Lärchen.

Und nachdem viele Moore diese Wälder befeuchten, ist es essentiell, dass der Mensch sie erhält.

Leider hüten manche von Euch Menschen die Erde nicht wie gedacht.

Warum tut Ihr der Erde so weh? Es gibt so VIEL Fülle auf der Welt, da muss man nichts anderen Lebewesen wegnehmen. Es gibt so viele Bodenschätze, die für alle reichen, wenn man sie nur gerecht verteilt und nicht gierig nach mehr schürft. Es gibt so viele Bäume auf der Welt, die bereits ihr Leben gelassen haben für Papier und Kosmetiktücher, da muss man nicht noch mehr Leben nehmen und weiteren Bäumen wehtun.

Warum nicht Recycling? Es gibt so viel Wasser auf der Welt, man muss es nur ehrenwert verteilen. Haltet doch inne in Eurem Tun und seht, dass es mehr als genug für ALLE Lebewesen gibt, auch die kleinen wie die Tiere und Pflanzen, die Mineralien und Elemente, die ebenso ein Recht auf Leben haben wie ihr Menschen. Hört bitte auf mit Eurer Gier nach mehr. Es ist genug für alle da.

Ihr dürft nur endlich lernen, dies wieder zu sehen. Wir Erdwesen wollen Euch wissen lassen, die Erde liebt Euch so sehr. Bitte gebt uns etwas von Eurer Liebe zurück, damit wir Euch mit glücklichem Herzen als eine Familie weiterversorgen können. Danke. Alles Liebe, Sibirien und die Taiga.

Mein Besuch in Sibirien und der Taiga

Reise zum Ganges in Indien, Asien

Hallo, ich bin Mama Ganges,

ich bewässere die Ebene südlich des Himalaya mit meinen zahlreichen Armen und Nebenflüssen. Als zweitgrößter Fluss von Indien bin ich stolz, mein geliebtes Heimatland zu beleben und ihm Freude und Kraft zu schenken. Doch meine Gaben sind auch noch anderer Natur. Ich bin die Mutter der Inder und der heiligste Fluss der Hindus. Wer in meinen Wassern badet, wird von allen Sünden freigewaschen.

Mama Ganga. So nennt man mich in Indien. Ich bin die Mutter allen Lebens in Indien. Ich bin die Quelle der Reinigung der Seele, die Zuflucht vor der Welt und die Seele der Liebe und Güte.

Wenn Du zu mir kommen magst, so erfrische ich Dich mit meinen Wassern und wasche Dir allen Kummer von der Seele. Ich tauche Dich ein in meine tiefe Liebe zu Dir und belebe Deine Sinne neu. Du wirst Dich erfrischt und erneuert fühlen, sobald Du zu mir kommst. Ich gebe Dir, was Du brauchst, um wieder heil zu werden. Ich liebe Dich, mein Kind und ich freue mich von Herzen, wenn Du zu mir kommen möchtest.

P.S.: Als Göttin verehrt, schlängelt sich der wunderschöne Ganges 2600 km durch Indien und Bangladesch und mündet dann in den Golf von Bengalen. Dieser Heiligste der indischen Flüsse ist leider mittlerweile durch zahlreiche Industrien an seinen Ufern, von Gift und Chemikalien bedroht, darunter Blei, Arsen und Quecksilber. Bisher scheiterten alle Versuche, den Fluss von seinen Belastungen zu reinigen.

Mein Besuch am Ganges

Reise zum Heiligen Berg Kailash

in Indien und Tibet, Asien

Hallo, ich bin der Heilige Berg Kailash,

meine eindrucksvolle Spitze gleicht einem Kristall. Ich lebe im Gangdisê-Gebirge im tibetischen Hochland. Um mich herum entspringen die vier großen Flüsse des südasiatischen Raums – Indus, Brahmaputra, Satluj und Karnali, ein Zufluss des Ganges. Somit wird die gesamte Wasserversorgung Indiens von meinem Umland geschenkt.

Daher haben mich schon seit uralten Zeiten die Menschen als heilig erachtet. Ich bin ihnen gern ein guter Freund, wünsche mir aber zu manchen Zeiten etwas mehr Ruhe und Respekt beim gemeinsamen Begegenen.

Heiligkeit ist etwas, das Menschen entfernt von sich betrachten und im Göttlichen sehen. Aber warum in die Ferne schweifen? Das Göttliche ist stets da, stets in Deinem Leben und in Dir. Also ist auch der Segen des Göttlichen mit Dir. Und damit seine Heiligkeit. Heiligkeit bedeutet ein Heil-Sein der Seele, ein in Gott gebettet sein und nach ihm handeln. Das könnt Ihr auch. Jeder von Euch. Ihr habt so viel Macht, nutzt sie zum Vermehren des Guten in der Welt. Betet, meditiert, segnet, atmet Liebe ein und aus, helft und am meisten - habt Freude. Betet von Herzen, meditiert in Freude, lebt in Freude und ihr werdet dieselbe Heiligkeit, die Ihr an anderen Orten seht, in Euch entdecken. Seid gesegnet, Ihr die Ihr die Liebe sucht und finden werdet.

Mein Besuch am Kailash

Reise zum Berg Emei in China, Asien

Hallo, ich bin der Berg Emei,

Kennst Du mich? Ich bin einer der vier heiligen buddhistischen Berge in China. Meine Freunde heißen Wutai Shan, Putuo Shan und Jiuhua Shan.

Ich bin mit meinen 3099 m mittelgroß und erhebe mich aus dem Becken der Provinz Sichuan. Auf meinem Gipfel befinden sich wunderschöne, alte buddhistische Tempel. Ein Bodhisattva flog einst auf seinem weißen Elefanten zu mir hinauf und seit der Zeit bin ich ein heiliger Berg.

Liebe. Liebe ist eine so starke Kraft, die Ihr kaum nutzt. Wendet Euch der Liebe zu und seht sie in allem, was Euch begegnet. In jedem Mondaufgang und in jedem Sonnentag, in jeder Pflanze, wie unscheinbar sie auch am Wegesrand sein mag, in jedem Tier, das Euch begegnet, in jedem Kiesel, jeder Seele.

Ich verstehe Eure Suche nach Liebe sehr gut. Aber diese Liebe, die Ihr sucht, ist in Euch. Sie ist in der Art, wie Ihr den Tag begrüßt, in der Art wie Ihr mit dem Warten in der Schlange umgeht, in der Art wie Ihr lebt und atmet. Wendet Euch der Liebe mehr zu. Wendet sie an. Segnet und vertraut. Bittet Euren Gott um Hilfe und erkennt, wie er Euch stets antwortet. Ihr seid nie allein und Ihr seid nie fern der Liebe. Denn Ihr seid die Liebe. Gottes Liebe in dieser Welt. Nutzt sie.

Mein Besuch auf dem Berg Emei

Reise zum Berg Fuji in Japan, Asien

Hallo, ich bin der Berg Fuji,

ich bin der höchste Berg Japans mit meinen 3776,24m und wohne auf Honshu. Da ich auf drei Kontinentalplatten lebe, der Eurasischen, der Pazifischen und der Philippinenplatte, bin ich ein aktiver Schichtvulkan. Doch bin ich seit hunderten von Jahren nicht mehr ausgebrochen.

Ich bin 100 000 Jahre alt und gelte in meiner Heimat Japan als heiligster Berg. Wenn Du mich einmal besuchen möchtest, so würde ich mich freuen. Doch bis dahin habe ich eine Botschaft für Dich.

Andacht. Den modernen Menschen fehlt leider häufig die Andacht in ihrem Leben. Das Innehalten in der hektischen Welt und tief durchatmen, um die Seele und ihre Botschaft zu hören. Wende Dich mir zu in all Deiner Liebe und ich freue mich sehr über Deinen Besuch. Gemeinsam finden wir Ruhe in dieser hektischen Zeit und Stille im Innern. Komm zu mir, setz Dich, wo Du mich gut sehen kannst, setz Dich, wohin Dein Herz Dich ruft und wir meditieren gemeinsam. Die Stille und Würde meines Ortes und meine beruhigende Schwingung, werden Dir und Deiner Seele Gutes schenken. Ich umhülle Dich mit meinem Schutz und die Welt kann Dich mit ihren Anforderungen nicht mehr erreichen. Komm zu mir, liebe Seele. Ich freue mich über jeden, der sich nach Andacht sehnt.

Mein Besuch am Berg Fuji

Reise nach Hokkaido in Japan, Asien

Hallo, ich bin Hokkaido,

ich bin die zweitgrößte Insel Japans und die Heimat des Volkes Ainu. Wenn Du Deinen Weg zu mir findest, so kannst Du bei mir unzählige Thermalquellen, Vulkane und wilde, blühende Natur entdecken.

Hab Vertrauen in das Leben. Dass es Dir Gutes will. Ja, manchmal ist das Leben schmerzhaft, aber alles was Dir begegnet, dient Deiner Entwicklung als Seele. Du kannst darauf vertrauen, dass alles im Leben, wirklich alles, nur Dein Gutes will und das, was Dir von Menschen begegnet und Dir nicht helfen will, dazu da ist, es zu überwinden.

Wie Du etwas am besten überwinden kannst? Habe Vertrauen in Deine eigene Kraft. Dann geh in Dich und überlege Dir, wo Du noch nicht Deine volle Kraft der Liebe in Deinem Herzen lebst. Wo fühlst Du noch Angst statt Vertrauen? Wo bist Du unsicher statt Dich in der Liebe Gottes sicher zu fühlen? Dies sind Möglichkeiten für Dich, noch mehr von Deiner wunderschönen Liebe in Dir zu entdecken und sie zu befreien. Zu leben. Wenn Du ihnen und damit Dir mehr Raum gibst, dann hört Deine Prüfung im Leben auf und Dein Vertrauen beginnt. Ich liebe Dich. Komm zu mir, wenn Du Dir Sorgen machst und ich zeige Dir einen Weg zurück zur Liebe.

Mein Besuch auf Hokkaido

Reise zum Regenwald in Malaysia,

Südostasien

Hallo, ich bin der Malaysia – Regenwald,

ich bin 130 Millionen Jahre alt und gehörte bereits zum Urkontinent, als die Erde geboren wurde. Damit bin ich das älteste Waldgebiet der Erde. In meinen Armen leben seltene Tiere wie der Malayische Tiger und der Asiatische Elefant. Manche meiner Wälder konnten ohne Eingriffe von Menschen bis in diese Zeit leben und zeigen nun eine einzigartige Pflanzen- und Tierwelt.

Größe ist keine Frage des Körpers. Es ist eine Frage der Seele. Wie sehr das Licht in Deiner Seele der Welt Liebe geben kann, hängt von Deiner Gabe zur Selbstliebe ab. Wie sehr liebst Du Dich, Dein Herz, Dein ganzes Wesen?

Alles, was Du an anderen bewunderst, hast Du auch in Dir. Alle Wesenszüge, die Dein Herz berühren, sind auch in Dir vorhanden. Wenn Du darüber nachdenkst, so ist das ein schöner Gedanke. Denn jede Schönheit im Außen, die Dir auffällt, ist eine Schönheit, die genauso in Dir existiert. Du musst sie nur freilegen, Dich trauen, sie zu leben.

Setz Dich zu mir, komm in meine grünen Arme und finde zu Deiner inneren Mitte. Ich gebe Dir eine schützende Welt um Dich herum, damit Du Deine innere Stimme besser hören kannst. Wenn Du Dich ganz tief auf Dich besonnen hast, finde eine Eigenschaft in Dir, die Du gerne mehr leben möchtest. Ist es Liebe, mehr Geduld mit Dir oder mehr Verständnis für das Leben?

Finde eine Eigenschaft, die Dich anspricht und versuche sie, in Dir zu fühlen. Ich helfe Dir dabei. Und wenn Du weißt, welche Du mehr in Deinem Leben haben möchtest, dann sag sie mir und ich werde Dir als Dein Freund helfen, sie zu verwirklichen. Gott hat alle Wesen mit gleich viel Liebe und Schönheit erschaffen. Wenn Du Deine entdeckst und lebst, gibst Du der Welt und Dir das größte Geschenk. Du bringst mehr Liebe in diese Welt. Und davon können wir alle nicht genug haben.

P.S.: Einige Waldgebiete auf Malaysia wurden bereits in einen Nationalpark verwandelt. Doch auf der Insel Borneo ist Brandrohdung und die Vernichtung des Waldes an der Tagesordnung. Die Palmölindustrie ist dafür der Hauptverursacher.

Mein Besuch im Malaysia-Regenwald

Reise nach Papua-Neuguinea,

Ozeanien

Hallo, ich bin Papua – Neuguinea,

als drittgrößter Inselstaat der Welt lebe ich im entfernten Ozeanien. Auf meinem wunderschönen Land kannst Du Gletscher entdecken, die nah am Regenwald entlanggleiten, Du findest aktive Vulkane ebenso wie tiefe Seen und breite Täler. Du kannst durch Hochgebirge wandern oder in Mangrovenwäldern Deine Zeit verbringen, in Korallenriffen die Schönheit der Erde bewundern oder meine Savannen bestaunen.

Ich bin all das und noch so viel mehr, doch meine Schönheit und Wildheit ist bedroht. So bitte ich Dich:

Schütze uns. Schütze die Natur.

Denn indem Du Deine Liebe, Deine Gebete und Zeit uns widmest, erhöhst Du das Licht auf der Welt. Wir brauchen jedes Deiner Gebete, so wie viele Orte der Welt. Aber was wir Dir dafür geben können, ist Liebe. Wir senden Liebe an den Ort, an dem Du bist, an Dich und all Dein Wirken. Wenn Du Liebe gibst, findet Liebe ihren Weg zurück zu Dir. Wenn Du Freude gibst, kehrt Freude in dein Wirken ein. Versuche heute einmal bewußt den Kreislauf der Energie zu fühlen. Was du gibst, kehrt zurück. Wo erkennst du das heute? Und wenn Du tiefer siehst, dass alles zurückkehrt zu seinem Ursprung, kannst du dein Leben neu gestalten. Falls Du also heute einmal im Laufe des Tages nichts zu tun weißt, sende uns doch bitte Liebe. Wir geben sie Dir in tiefer Dankbakeit zurück.

P.S.: Auf der Hauptinsel Neuguinea ist die reichste Biodiversität außerhalb des Amazonas, der größte Tropenwald Australasiens und das reichste Korallenriff. Auf Papua-Neuguinea sind 60% des Regenwalds von Abholzung bedroht. Zumeist für die Papierindustrie, aber auch die Palmölindustrie hat ein großes Interesse an diesem Gebiet.

Zusätzlich werden die Wälder und unberührten Landschaften immer stärker geschädigt durch rabiaten Minenbau, meist für Kupfer, Silber und Gold.

Mein Besuch auf Papua-Neuguinea

Reise nach Neuseeland, Ozeanien

Hallo, ich bin Neuseeland,

meine Maori-Familie kennst Du sicherlich. Vielleicht hast Du die wundervollen Menschen, die sich seit Generationen darum bemühen, mich zu schützen, schon einmal gesehen oder ihren wunderbaren und beeindruckenden Haka erlebt.

Sie nennen mich "Aotearoa", Land der langen weißen Wolke.

Ich bin berührt und tief durchwoben auf meinen beiden Inseln von Tradition. Ich liebe die liebevolle und familiäre Verbindung mit den Menschen hier.

Tradition. Ein Wort mit viel Geschichte und vielen Werten. Nicht immer Deine eigenen Werte allerdings. Bei der Tradition geht es mehr um die Achtung der Alten, der Weisen, die vor Dir kamen, aber niemals auf Kosten Deines Innersten.

Wenn Du ihre Wege ehren möchtest, weil sie Deine sind und Deinem Herzen entsprechen, so ist das der richtige Weg für Dich. Wenn Du ihre Wege aus purer Verpflichtung oder Liebe und Ehrerbietung gehen möchtest, so ist das nur der halbe Weg.

Jedes Wesen, ob jung oder alt, hat seinen eigenen Wert. Und dieser Wert ist einzigartig. Dich gibt es kein zweites Mal auf der Welt. Es mag Seelen geben, die Deiner ähnlich sind und mit Dir einen liebevollen Weg gehen, der Deinem Herzen entspricht.

Aber niemals seid ihr gleich. Also erwarte bitte auch nicht, dass die Wege der Alten für alle gleich gelten müssen. Sie sind einzigartig, wie Du.

Ehre sie, indem Du ihnen zuhörst. Ehre sie, indem Du sie wahrnimmst mit Deinem Herzen und ihre Worte auf Dein Herz treffen dürfen. Aber gehe immer Deinen eigenen Weg, den, den Dein eigenes Herz Dir rät. Aloha.

Mein Besuch auf Neuseeland

Reise zum Pazifik

Hallo, ich bin der Pazifik,

meine Wellen umspülen die ganze Erde, denn ich grenze an alle anderen Ozeane. Mit 181,34 Millionen km² bin ich der größte Ozean der Welt und auch der tiefste, mit 11000m.

Obwohl mein Name "friedlich" bedeutet, können große Stürme auf meinen Wellen entstehen.

Mein pazifischer Körper macht die Hälfte der Meeresfläche der Erde aus, mehr als alle Landmassen der Kontinente zusammen. Somit bin ich ein großer, liebevoller Teil von Mutter Erde.

Wunderst Du Dich, dass ein Ozean ein Ort sein kann, den man einfach so besuchen kann? Ich bin eine der vielen Verbindungsstraßen der Welt. Ich verbinde die Kontinente und ihre Menschen miteinander. Ich verbinde die Sterne, die sich in meinen Wasssern spiegeln mit der Erde. Ich verbinde auch Dich mit jedem lichtvollen Wesen oder Ort, den du magst.

Ich sehe Dein Sehnen nach einer besseren Welt. Doch weißt Du was? Diese Welt ist bereits in Dir. Wenn Du dir selbst die Liebe gibst, die du gern in der Welt sehen würdest, so hast du bereits eine Verbindung geschlagen zwischen dem Jetzt und einer glücklicheren Zukunft für die Erde. Höre auf dein Herz, folge ihm. Wie ungewöhnlich sein Rat Dir manchmal auch anmuten mag.

Ich bin hier, wenn Du mal nicht weißt, welchen Weg du einschlagen sollst, weil Du Deine Herzensstimme vielleicht schon lange nicht mehr gehört hast. Such Dir ein Boot aus, eine Insel mitten in meinem Ozean und ich bringe Dich Welle für Welle wieder in Verbindung mit Dir selbst, deinem Herzen. Ich liebe dich, mein Kind. Danke, dass Du mir zuhörst.

Mein Besuch im Pazifik

Reise nach Hawaiʻi,

mit Polynesien verbunden, Südpazifik

Hallo, ich bin Hawai'i,

mit acht großen Inseln und über 130 kleineren Inseln und Atollen, bin ich eine wunderschöne Inselkette vulkanischen Ursprungs.

Ich hüte den größten Berg der Erde, den Mauna Kea, mit 9600m vom Meeresgrund aus gemessen. Er ist die Basis meiner Insel Big Island.

Der massivste Vulkan der Erde, Mauna Loa, ist ebenfalls bei mir zuhause. Er erzeugt ein so großes Gewicht, dass mein Big Island durch ihn die gesamte Pazifische Platte deformiert.

Wie Du siehst, meine Inseln sind Inseln des Feuers, mit den größten Vulkanen der Erde.

Als nördliche Spitze des polynesischen Dreiecks mit Neuseeland (Aotearoa) und Rapa Nui, gehöre ich zu Polynesien und nicht den USA. Obwohl diese mich Aloha-State nennen.

Aloha. Wie geht es Dir, liebe Seele? Ist Dein Leben harmonisch oder gerade eher aufregend? Wir sind so viele Inseln und wir alle teilen den Aloha-Spirit. Er ist die Liebe zum Leben in all seinen Formen.

Wir sind viele verschiedene Wesen und Inseln und leben alle in Harmonie miteinander. Das Leben enthält viele Facetten. Manche davon passen zu unserer Schwingung und manche nicht. Was nicht zu uns passt, macht uns unausgeglichen.

Was zu uns passt, gibt uns mehr Harmonie mit dem Leben. Möchtest Du Dein Leben einmal nach diesen Vorzeichen betrachten und aussortieren, was Dich nicht in Deine Mitte bringt? Wir helfen Dir gern dabei.

Nicht alles in Deinem Leben muss perfekt sein. Eigentlich ist unperfekt sehr schön. Aber Du solltest in jedem Bereich Deines Lebens eine klare Herzensvorstellung von dem haben, was du erleben möchtest und was nicht. Und dann richte dich danach aus.

Konzentriere Dich nur auf Deinen Wunsch und blende alles andere aus und du wirst dein Leben so umgestalten, wie es dir gut gefällt. Und mehr Harmonie in Dein Leben bringen. Und wenn Du in Harmonie mit dem Leben bist, verstehst Du den Aloha-Spirit.

Mein Besuch auf Hawai'i

Reise zu den Vulkanen
auf der ganzen Welt

Hallo, wir sind die Vulkane,

als Sitz vieler Feuergötter leben wir überall auf der Welt. Von Mexiko bis Hawai'i, von Russland bis Italien und Ozeanien.

Wir symbolisieren für viele Kraft und die Macht der Erde.

Macht ist ein wundervoller Begriff. Denn er bedeutet, dass Du Dich selbst liebst und Deine Kraft in vollem Aufmaß in Liebe annimmst. Wenn Du sie in Liebe nutzt und Gutes damit bewirkst, hast Du der Welt einen großen Dienst erwiesen. Du kannst der Erde auf vielerlei Arten helfen. Du kannst ihr Liebe schicken, Du kannst Geld an eine Tierschutzorganisation spenden, Du kannst Bäume pflanzen...

All das hat mit Deiner Macht zu tun. Du nimmst sie an und gibst sie als Liebe weiter. Alles, was wir tun, zieht seine Kreise. Sind es Kreise der Liebe und der Kraft oder Kreise der Angst? Was denkst Du, wo in Deinem Leben könntest Du etwas mehr Mut, mehr Kraft, mehr von Deiner Macht gebrauchen? Sag es mir und wir werden gemeinsam Deine Macht wiedererwecken. Dafür brauchst Du Dir nur einen Vulkan auf der Erde auszusuchen, der Dir gut gefällt. Frage ihn, ob Du Dich zu ihm setzen darfst und besprich in Gedanken mit ihm Deine Frage. Er wird Dir eine weise Antwort wissen.

Mein Besuch bei den Vulkanen

Reise zum Great Barrier Reef

in Australien, Ozeanien

Hallo, ich bin das Great Barrier Reef,

die warmen Gewässer vor Australiens Nordostküste umspülen meine 2900 Korallenriffe jeden Tag.

Ich wurde vor 600.000 Jahren geboren (ganz schön lange her, nicht wahr;) und bin mit 347.800km² die größte zusammenhängende Ansammlung von einzelnen Korallenriffen der Welt.

Unzählige Meereslebewesen finden in mir ihr Zuhause, darunter sechs der sieben Meeresschildkrötenarten.

Ich lebe um Lebensraum zu sein, Heimat und Zuhause.

Ich bin auch Dir gern eine Heimat. Aber, fühlst Du Dich denn auch in Dir zuhause? Es ist wichtig, gern mit sich selbst zusammen zu sein.

Jeder Mensch ist wundervoll, wie streng er auch zu sich sein mag, und jeder Mensch sollte sich liebevoll behandeln. Denn glaub mir, das hast Du als Kind Gottes sooo verdient.

Also, wenn Du das nächste Mal in Deinen Augen etwas falsch gemacht hast oder streng zu Dir bist, dann komm doch zu mir und wir finden gemeinsam heraus, wie liebevoll und wunderschön Du bist.

Sei nicht hart zu Dir. Sei weich und freundlich, so herzlich wie Du es zu einem Dir lieben Geschöpf wärst und warte ab, um wieviel schöner Dein Leben wird.

Mein Besuch beim Great Barrier Reef

Reise zum Uluru in Australien,

Ozeanien

Hallo, ich bin der Uluru,

zwar machen mich meine Farbwechsel unter unterschiedlichem Lichteinfall berühmt, wer kann schon sagen, dass er mal braun, mal braungrau, mal orange und dann leuchtend rot ist.;)

Aber eigentlich bin ich fest verwoben mit diesem Land, Australien und der Entstehung der Welt. Ich bin ein Heiliger Berg für die Aborigines und voller Liebe befreundet mit meinen Schwesterbergen Kata-Tjuta.

Liebe. Das ist ein machtvolles Wort, nicht nur in dieser Zeit. Aber Liebe ist auch das, was die Menschen am meisten in der Welt suchen.

Viele kommen zu uns und suchen sie in irgendeiner Form.
Dabei, mein Kind, ist die Liebe doch in Dir. Weißt Du das? Wie
würde sich Deine Welt verändern, wenn Du wüßtest, dass das
Universum, alle Wesen des Göttlichen und Mutter Erde Dich
unendlich lieben?

Wir sind hier. In all unserer Schönheit und Kraft für Dich. Wir
sind hier, dass Du uns aufsuchst, wieder und wieder und dabei
immer mehr die Liebe zu diesem Ort auch in Dir entdeckst. Was
Du im außen liebst, ist in Wahrheit Liebe für Dich. Wenn Du
einen Ort im außen als schön empfindest, kannst Du dieselbe
Schönheit auch in Dir finden.

Vertraue uns. Vertraue, dass Du unendlich geliebt wirst. Und höre auf, die Liebe im außen zu suchen. Stattdessen komm zu uns und finde an meinen roten Felsen Frieden. Und wenn Du dann tief durchatmest und die Weite und Schönheit Australiens genießt, wisse, das ist Deine Schönheit, die Du widergespiegelt siehst. Und wir atmen durch über dein schönes Wesen, liebe Seele. Vergiß nicht, zu uns zu kommen, wenn Du Dich einsam und ungeliebt fühlst. Wir laden Deine Liebe wieder auf. Mit unser beider Schönheit.

Mein Besuch beim Uluru

Reise zum Tarkine – Regenwald

in Australien, Ozeanien

Hallo, ich bin der Tarkine – Regenwald,

ich bin ein sehr seltener kühler gemäßigter Regenwald in Tasmanien. Früher lebten in meinen Armen zahlreiche Familien der Aborigines. Meine Natur blieb dadurch geschützt und ungestört in ihrer Entwicklung. In meinem 1800 km² großen Körper voller lebensspendender Flüsse und mächtiger Berge, leben viele seltene Pflanzen und Tiere. Ich bin glücklich, ein Teil dieser Familie zu sein.

Mein Herz schlägt wie das Deine, im Rhythmus der Liebe für das Leben. Ich bin ein wunderschöner uralter Regenwald und die Menschen haben mich seit Jahrtausenden als heilig erachtet. Dieselbe Heiligkeit ist auch in Deiner Seele.

Heiligkeit ist oft ein schwer zu erfassendes Wort für Menschen. Heiligkeit bedeutet vieles. Heil in sich selbst sein – sich selbst lieben. Heil mit dem außen sein – sich selbst und die Welt, alle Wesen darin, ehren. Heil und eins sein mit der Erde – ehre die Erde, lächle sie an, liebe sie und Du wirst diese von Dir geschenkte Liebe tausendfach zurückbekommen. Wir sind so viele Lebensformen auf diesem Planeten, dass es schwer ist, das große Ganze dahinter zu sehen, dass wir eine einzige Familie der Erde sind. Unsere Herzen schlagen im selben Rhythmus, dem Rhythmus der Liebe zum Leben.

P.S.: Ein gemäßigter Regenwald ist ein Wald-Ökosystem, das einen besonderen Wasserhaushalt aufweist. Er beherbergt das artenreichste Ökosystem der gemäßigten Klimazone und ist oft Rückzugsort für ansonsten verdrängte Arten. Obwohl 80 % des Tarkine-Regenwalds geschützt sind, ist nur in 5% davon Rohdung und Minenbau verboten. Somit reißen sich Minenfirmen um die Schürfrechte dort und zerstören unwiederbringlich wertvolle Natur.

Mein Besuch im Tarkine-Regenwald

Reise zum Styx - Regenwald

in Australien, Ozeanien

Hallo, ich bin der Styx – Regenwald,

benannt bin ich nach dem gleichnamigen Fluss Styx, der durch meine grünen Arme fließt. Ich lebe in Australien, genauer in Tasmanien und bin ein sehr alter Regenwald. Viele meiner Bäume sind die größten der Erde und besonders stolz bin ich auf meine zahlreichen uralten Eukalyptusbäume.

Ich lebe auf dem Kontinent, den ihr Menschen Australien nennt. Sicher ist das ein Stück weit von Deiner Heimat entfernt. Aber jeder Gedanke der Liebe erreicht mich, von welchem Teil der Welt er mir auch gesendet wird. Er erfrischt meine Seele und ich erwidere ihn mit meiner Liebe.

Nichts auf der Welt ist getrennt, meine liebe Seele. Nichts. Wenn Du in Liebe an etwas denkst, einen Ort oder ein Geschöpf, so wird dieses Wesen Deine Liebe empfangen. Das bringt auch eine große Erkenntnis mit sich. Achte auf Deine Gedanken ein bißchen mehr. Es ist schwer, ich weiß. Denn Menschen denken gerne viel. Aber achte Deine Gedanken als Teil Deiner Lichtseele und als Teil Deiner Schöpferkraft.

Ich zeige Dir ein Beispiel: Liebe. Ein Wort, das Dir sicher viele Bilder im Kopf als Inspiration schenkt. Welches Bild ist aktuell Dein Lieblingsbild? Lass es in Dir entstehen. Denke ein paar Momente darüber nach. Gib Dich ganz der Liebe hin. Und dann fühle in Dich hinein, ob sich Dein Inneres ein wenig verändert hat. Fühlst Du Dich leichter? Glücklich lächelnd und entspannt?

All das entstand allein durch Deinen Gedanken an Liebe. Das hast Du erschaffen, dieses glückliche Gefühl in Dir. Gib Dich ihm öfter hin. Und dann füge auch Gedanken an Freude, Frieden, Lachen und Glücklichsein hinzu. Denke schöne Gedanken und Deine Welt wird sich nach und nach dorthin verändern. Denke Liebe und Du erzeugst Liebe. Denke Freude und Du erzeugst Freude. Ich bin immer bei Dir, um Dich an die Kraft Deiner eigenen Gedanken zu erinnern. Und wenn Du Zeit hast, schicke mir einen Augenblick Deine Liebe und Deinen Segen. Ich werde es Dir tausendfach danken.

P.S.: Lange Zeit gab es einen Konflikt zwischen Naturschützern und Unternehmen, die die wertvollen Baumgeschöpfe fällen wollten. Nach mehrmaligem Kahlschlag in vielen Gebieten, steht Styx nun unter Naturschutz. Dennoch trifft man ab und zu noch Firmen, die sich nicht daran halten und dort noch weiterhin Bäume fällen.

Mein Besuch im Styx-Regenwald

Reise zu den Kornkreisen

überall auf der Welt

Hallo, wir sind die Kornkreise,

seit dem 16. Jahrhundert sind wir dokumentiert. Menschen rätseln zwar überall auf der Welt, woher wir kommen, bei über 6000 Kornkreisen in mehr als 50 Ländern kaum verwunderlich, aber wir erklären es Dir gerne.

Wir sind Zeichen einer anderen Nation an Euch. Wir möchten Euch an Euer Geburtsrecht der Liebe erinnern. Eure Welt besteht zur Zeit sehr aus Angst und Sorge. Warum? Wenn alles im Universum aus Liebe besteht, dann ist Eure Welt doch auch aus Liebe. Wenn Ihr diese Liebe seht, bewusst wahrnehmt, wie sehr Gaia Euch liebt, dann gibt es keinen Grund mehr Angst zu haben. Denn Eure Leben sind gesegnet mit Liebe.

Wenn Du also Probleme hast, die Dich von der Sicht der Liebe ablenken, so suche Dir doch einmal ein schönes Kornkreissymbol, das Dich anspricht. Es wird Dir eine Botschaft haben, die nur Dich betrifft. Wir sind Symbole, die ein eigenes Leben haben und jede Frage beantworten können. Suche uns auf, bitte Deine Schutzengel dazu und Du wirst die Antworten vernehmen.

Mein Besuch bei den Kornkreisen

Inhaltsverzeichnis

Chichén Itzá

Salar de Uyuni

Vancouver -Wald

Niagara-Fälle

Yosemite-Park

Grand Canyon

Neufundland

Atlantik

Grönland

Polarmeere

Arktis, der Nordpol

Antarktis, der Südpol

Bahamas

Karibisches Meer

Nil

Karnak

Abu Simbel

Gizeh

Philae

Bibliothek von Alexandria

Sahara

Südafrika

Petra

Ölberg

Mittelmeer

Olymp

Orakel von Delphi

Athene-Tempel

Labyrinthe

Zürichsee

Aggenstein

Alpen

Bodensee

Deutscher Wald

Riesengebirge

Kobelwald

Tatra

Karpaten

Puszta

Gebirge in Osteuropa

Glastonbury Tor

Stonehenge

Irische See

Island

Gletscher und Fjorde

Pyrenäen

Roten Felsen der Bretagne

Baikalsee

Sibirien und die Taiga

Ganges

Berg Kailash

Berg Emei

Berg Fuji

Hokkaido

Regenwald in Malaysia

Papua-Neuguinea

Neuseeland

Pazifik

Hawai'i

Vulkane

Great Barrier Reef

Uluru

Tarkine-Regenwald

Styx-Regenwald

Kornkreise

DANKE

DANKE   THANK YOU   MERCI   KÖSZÖNÖM   OBRIGADO
GRACIAS GRAZIE

DANKE   THANK YOU   MERCI   KÖSZÖNÖM   OBRIGADO
GRACIAS GRAZIE